LAPIDOT

ANTORCHAS QUE IMPULSAN PROPÓSITOS

FJ MUÑOZ

LAPIDOT

Antorchas que impulsan propósitos.

.

© 2025 FJ Muñoz

Todas las citas bíblicas utilizadas en este devocional están tomadas de la versión Reina-Valera 1960, salvo que se indique lo contrario.

Este devocional está basado en la experiencia vivida del autor como esposo de una mujer con llamado ministerial. Las enseñanzas aquí compartidas no pretenden establecer una doctrina absoluta, sino inspirar a otros hombres a ejercer su rol con fe, humildad y visión de Reino.

Diseño editorial y portada: **Kitvi Editorial LLC**

Tabla de Contenido

Dedicatoria

A mi esposa Ive, mujer de fe, de valor y de visión. Gracias por ser inspiración diaria, por motivarme sin descanso, y por acompañarme con amor firme en cada paso de nuestra vida juntos. Tu respaldo ha sido más que compañía: ha sido dirección, consuelo y empuje. Cuando dudé, me recordaste quién soy en Dios; cuando quise rendirme, me hablaste con esperanzas; cuando oraste por mí, Dios me sostuvo.8

Este devocional lleva tu huella en cada página, porque nació en medio de nuestras conversaciones, de tus silencios cargados de oración y de tu fe puesta en acción. Eres testimonio vivo de lo que significa caminar en propósito y edificar con el corazón. Aun estando al borde de la muerte, tuviste una fe inquebrantable que todavía hoy me enseña a no dudar.

También lo dedico a esos hombres que han entendido que el liderazgo verdadero no comienza en una plataforma, sino en el hogar, sirviendo y amando a sus esposas con humildad. A ustedes, que reconocen que el llamado muchas veces es hacia ellas, pero que no retroceden, sino que avanzan a su lado como escudo, consejo y oración.

Este devocional es para ti, **Lapidot**, que sostienes la mano de tu esposa, la apoyas y la impulsas a conquistar todo lo que Dios hablo de ella.

Este proyecto nació en oración, por mi anhelo de compartir con ustedes mis experiencias como el Lapidot de mi casa. He aprendido lo que es vivir con una mujer llamada por Dios para los negocios, ministerios, que no se detiene por miedo, por la opinión de otros ni por la opresión que podamos estar viviendo. Quiero compartir contigo algunas cualidades que he aprendido en casi quince años de matrimonio.

Que encuentres en estas páginas un espejo que te anime, una voz que te recuerde que no estás solo y que Dios te fortalezca con este devocional.

"Maridos, amad a vuestras mujeres, así como Cristo amó a la iglesia, y se entregó a sí mismo por ella." Efesios 5:25

Agradecimientos

Primero, agradezco a Dios, mi Padre y Señor, por rescatarme, llamarme, transformarme, y por confiar en mí para escribir este devocional. Mi vida no tendría sentido sin Su gracia, Su dirección y Su paciencia. Gracias por tu inmerecido y eterno amor.

A mi esposa Ive, por ayudarme a escribir un devocional con aportes y experiencias vividas. Por leer y corregir este devocional hasta que estaba listo para impactar a otros.

A los hombres que han caminado conmigo en fe, a mis amigos, hermanos, líderes, gracias por ser testigos vivos de lo que significa ser un hombre conforme al corazón de Dios. Sus vidas me han enseñado que la hombría no se trata de fuerza, sino de entrega; no de poder, sino de carácter; no de dominio, sino de servicio.

A quienes oraron por este proyecto, leyeron borradores, compartieron ideas, o simplemente me recordaron seguir adelante cuando parecía más fácil detenerse: mi gratitud eterna. Dios los recompense.

Finalmente, gracias a ti, lector. No estás solo. Este devocional fue escrito pensando en ti, con la esperanza de que cada página te acerque más a Dios, a tu familia y al propósito por el que fuiste creado.

Introducción

Este devocional nació en mi corazón mientras meditaba sobre algo que muchos hombres vivimos, pero pocos nos atrevemos a hablar: ¿Qué hacemos cuando Dios llama a nuestra esposa al ministerio, a ser empresaria o incluso a un cargo político... y a nosotros no?

Cuando mi esposa fue llamada a servir —como escritora, empresaria y mujer de influencia—, me sentí confundido. Me sentí desplazado. Pensé que Dios me había descartado. Y lentamente, comencé a apagarme por dentro. Y al apagarme no podía sostener a mi esposa como Lapidot lo hizo.

La pregunta que más me atormentaba, alimentada por la cultura religiosa con la que crecí, era: ¿Por qué a ella... y no a mí? Si yo anhelaba el llamado, y ella ni siquiera lo buscaba, ni tampoco lo quería.

Tuve que ir a Dios con mi corazón en la mano. Le hablé con honestidad. Le dije que estaba molesto. No entendía por qué la había escogido a ella y no a mí.

Y aunque me dolía, decidí abrirle el corazón en vez de cerrárselo. No fue fácil.

Pero tampoco estaba dispuesto a tirar por la borda un matrimonio solo porque la escogida fue ella... y no yo.

En su inmensa misericordia, Dios me sanó y me restauro. Me enseñó que esto no se trata de protagonismo ni de tener el control. Se trata de cobertura. Cuanto más cubro a mi esposa, más honro a Dios y a mi llamado de esposo. Hoy entiendo que cuando Dios llamó a mi esposa, también me estaba llamando a mí.

Puede que tu llamado no sea desde el púlpito, sino tras bastidores. En mi caso, yo cargo desde ollas con comida hasta la computadora que ella usa en la iglesia cada domingo. Me aseguro de que no lleve cargas adicionales y que pueda fluir en el propósito que Dios le ha confiado.

Por eso me llamó Dios a caminar con ella: para apoyarla, para cubrirla en oración, y para descubrir mi lugar en la historia que Él está escribiendo con nosotros. Debes entender que Dios confió en ti a su amada hija, llamada a servir en el Reino. Ahora puedo entender que fui elegido para cuidar una joya preciosa del Reino. Eso es una bendición para mi vida.

Muchas veces ella carga un peso invisible que no siempre puedo ver ni sentir y que no me contara. Mas con la ayuda del Espíritu Santo, mi función es alivianarlo, para que ella pueda cumplir la voluntad de Dios sin obstáculos.

Este camino requiere humildad. Aquí, el machismo no entra. Requiere una fe inquebrantable. Requiere saber quiénes somos en Cristo y tener una visión del Reino que trascienda los estereotipos.

Este devocional no es para hombres perfectos. Es para nosotros: los que amamos, luchamos, fallamos, volvemos a intentar y deseamos ser parte activa del propósito de Dios en nuestra casa.

Es mi manera de decirte: "No estás solo, Dios está contigo." Y sí, ser el hombre detrás de una mujer de Reino también es un llamado glorioso.

Aquí comparto algunos principios, convicciones y desafíos que yo mismo estoy viviendo y que aún estoy aprendiendo. No te escribe desde un púlpito, sino desde el hogar, desde el corazón... y tras bastidores.

Te animo a sumarte al viaje.

Con humildad y gratitud,

Francisco Javier

Cómo usar este devocional

Este devocional está dividido en 30 días. Cada día incluye:

- *Un tema breve para reflexionar*
- *Un versículo bíblico*
- *Una reflexión sencilla y directa*
- *Una oración corta*
- *Un espacio en blanco para escribir tu experiencia o lo que Dios te hable*

Puedes leerlo solo o junto a tu esposa. Lo importante es que cada día apartes un momento para pensar, orar y crecer.

No estás aquí por casualidad. Este camino no se recorre solo. Si Dios te ha dado una esposa con un llamado, entonces también te ha dado una misión junto a ella. Bienvenido al camino de los ***Lapidot***.

Este devocional no fue escrito para hombres perfectos, sino para hombres en proceso, como tú y como yo. Hombres reales, con luchas reales, que desean amar con propósito, servir con humildad y liderar con convicción desde el corazón de Dios.

Te invito a leerlo en oración, con un corazón abierto y la disposición de dejar que el Espíritu Santo transforme tu perspectiva sobre lo que significa ser un "Lapidot" hoy.

¿Quién fue Lapidot?

La Biblia menciona a Lapidot solo una vez. **Jueces 4:4**, lo presenta como el esposo de Débora, una mujer profetisa y líder de Israel en tiempos donde eso era impensable. No se relatan sus hazañas, no se registran sus palabras, ni se describe su carácter. Solo se dice que Débora era su esposa... y eso basta.

A simple vista, podría parecer irrelevante, que él no fue importante. Pero el hecho de que **Débora haya podido cumplir su llamado con libertad, firmeza y sin tropiezos**, nos dice mucho sobre el tipo de hombre que Lapidot fue.

Su nombre en hebreo significa **"antorchas" o "llamas"**. Y no es coincidencia. Porque Lapidot no fue un hombre que apagó el fuego de su esposa, **sino una antorcha que la impulsó a brillar con la gloria de Dios.**

No necesitó figurar para ser parte del propósito divino. No compitió con ella por visibilidad, ni trató de limitarla por inseguridades. Más bien, fue parte de la historia de redención que Dios escribió a través de Débora. Fue su compañero, su respaldo, su cobertura silenciosa.

Y eso, para mí, lo convierte en un modelo de hombre que **el Reino sigue necesitando hoy.**

Lapidot en una cultura que no entendía su papel

Débora vivió en una cultura profundamente patriarcal, donde las mujeres no ocupaban cargos públicos ni lideraban naciones. Sin embargo, Dios la eligió, la ungió y la posicionó como juez, profetisa y comandante del ejército de Israel.

¿Y su esposo? No fue un estorbo. No fue una sombra intimidante. Fue **una base firme desde la cual ella pudo levantarse**. Que Débora haya cumplido con autoridad su llamado, quiere decir que Lapidot no le restó... **le sumó**.

En tiempos donde muchos hombres aún sienten que la autoridad de una mujer amenaza la suya, **Lapidot se convierte en una figura profética**: el hombre seguro de sí mismo, que camina al lado de una mujer de Reino sin sentirse menos, más bien **honrado por estar ahí**.

El liderazgo invisible también es liderazgo

El liderazgo de Lapidot no fue público, pero sí fue **real**. Fue el tipo de liderazgo que no necesita micrófono, pero **que se siente en casa**. El tipo de presencia que no interrumpe, pero sostiene. El que no exige visibilidad, pero deja huella en la eternidad.

Ser Lapidot es entender que **no siempre serás el protagonista de la historia, pero eso no te quita el honor de ser parte esencial del plan de Dios.** Ser Lapidot es liderar desde la intercesión, desde el servicio, desde la estabilidad emocional y espiritual.

A los ojos humanos, quizás pasó desapercibido. Pero para Dios, **fue digno de ser mencionado como el hombre que caminó junto a una mujer que marcó una nación.**

Un llamado para los hombres de hoy

Este tiempo también necesita hombres como Lapidot. No hombres dominantes, sino discernientes. No hombres inseguros, sino firmes en su identidad. No hombres que compitan con su esposa, sino que **la cubran en oración y la afirmen con gozo.**

Hombres que entienden que si su esposa brilla, él también cumple su propósito.

Hombres que saben que **ser cabeza no es controlar, sino proteger.**
Que **liderar** no es imponer, sino servir.
Que **el silencio también habla... cuando está lleno de respaldo, amor y fe.**

Reflexión para hoy:

¿Estoy siendo una antorcha como Lapidot? Si no, ¿qué me lo impide?

¿Mi esposa puede avanzar libremente en su llamado... o yo la detengo con mis miedos?

¿Estoy usando mi liderazgo para edificarla o para limitarla?

Oración:

Señor, gracias por el ejemplo silencioso pero poderoso de Lapidot.

Hazme un hombre como él: firme en mi identidad, presente en la batalla, y lleno de luz para que mi esposa pueda cumplir su propósito sin obstáculos.

Límpiame de todo orgullo, inseguridad o necesidad de protagonismo.

Enséñame a ser parte activa del avance del Reino, no desde el escenario, sino desde el hogar, la oración y el amor.

Que yo sea una antorcha que acompaña... no un fuego que consume.

Un esposo que impulsa, no que controla.

Y un hombre que entiende que **el llamado de su esposa también forma parte del suyo**. Amén.

.

El corazón de Lapidot

Características de un hombre que impulsa propósito:

Aunque la Biblia menciona a Lapidot solo una vez, su influencia es evidente. No fue famoso, no dejó frases célebres ni registró milagros… pero fue el tipo de hombre que sostuvo el fuego de una mujer llamada por Dios sin sentirse amenazado. Fue una antorcha: no un fuego que consume, sino uno que enciende y acompaña.

Hoy, más que nunca, el Reino necesita hombres así. Hombres con el corazón de ***Lapidot.***

Aquí te comparto cinco rasgos esenciales que todo hombre llamado a caminar con una mujer de Reino debe cultivar.

Características:

Humilde, no competitivo

Lapidot no compite, coopera.

Vivimos en una cultura que premia el ego y el protagonismo. Pero Lapidot nos recuerda que un hombre seguro de su identidad no necesita escenarios para ser parte esencial del plan de Dios.

Versículo:
"Con humildad, estimando cada uno a los demás como superiores a él mismo."
Filipenses 2:3

Desafío   actual:
Muchos hombres sienten que si su esposa brilla, ellos desaparecen.
Lapidot   responde:
"Su éxito no me amenaza, lo celebro. Porque somos uno, y lo que Dios hace en ella también me honra a mí."

Protector, no dominante

Lapidot no controla, cubre.

Débora no habría podido liderar Israel si en su casa vivía con miedo. El liderazgo de Lapidot fue emocional, espiritual y práctico. Estuvo allí, no para imponer, sino para proteger con amor.

Versículo:
"Maridos, amad a vuestras mujeres, como Cristo amó a la iglesia." Efesios 5:25

Desafío actual:
El machismo disfraza el control de liderazgo.
Lapidot responde:
"Mi cobertura no aplasta. Asegura. Fortalece. Libera, impulsa."

Presente, aun en silencio

Lapidot no habla mucho, pero su presencia es firme.

No hay palabras de Lapidot registradas, pero su respaldo permitió que Débora profetizara, juzgara y dirigiera al pueblo. A veces, el amor no necesita palabra, solo presencia fiel.

Versículo:

"El sabio guarda silencio." Proverbios 17:27

Desafío actual:

Muchos hombres piensan que si no tienen todas las respuestas, deben callar o ausentarse.

Lapidot responde:

"No vine a explicarle el camino... vine a caminarlo con ella."

Intercesor, no solo espectador

Lapidot respalda en oración, no desde la pasividad.

Un verdadero Lapidot no solo acompaña físicamente. Carga en el espíritu. Cubre con oración. Siente la batalla de su esposa como propia y pelea con ella... aunque nadie lo vea.

Versículo:

"La oración del justo puede mucho." Santiago 5:16

Desafío actual:

Algunos hombres subestiman el poder de su intercesión.

Lapidot responde:

"Puede que no esté en el púlpito, pero soy el escudo en la trinchera."

Celebra, no compara

Lapidot se alegra del avance de su esposa.

No la minimiza. No se siente opacado. Sabe que cuando ella florece, el hogar entero florece. La honra sin reservas y se convierte en su fan #1.

Versículo:

"Gozaos con los que se gozan." Romanos 12:15

Desafío actual:

Algunos hombres sienten que celebrar a su esposa es perder protagonismo.

Lapidot responde:

"Aplaudo desde la primera fila, porque sé que su victoria también es mía."

Semana 1
Fundamentos del llamado compartido

Cuando Dios llama a tu esposa

"Y Débora, profetisa, mujer de Lapidot, juzgaba a Israel en aquel tiempo."
Jueces 4:4

Cuando pensamos en el llamado de Dios, muchas veces imaginamos a hombres en primera línea. Sin embargo, la Biblia también está llena de mujeres poderosas, levantadas por Dios para cumplir Su propósito. Débora es una de ellas, mi esposa y la tuya también.

Débora fue profetisa, líder y juez de Israel. Y esto no ocurrió en tiempos modernos ni en una sociedad abierta a la equidad. Débora lideró en medio de una cultura patriarcal, donde la autoridad, la guerra y las decisiones importantes estaban reservadas para los hombres.

Por otro lado, fue ella quien se levantó con sabiduría, autoridad y valentía.

¿Y su esposo Lapidot? La Biblia no menciona grandes hazañas de su parte, pero su nombre está ahí. Él fue el hombre que caminó junto a una mujer llamada por Dios. Y eso no es poca cosa.

Aunque fue a ella a quien Dios encomendó dirigir al pueblo en un momento crucial, su esposo estuvo allí, apoyándola en silencio, no quiere decir callado o indiferente. Estaba a su lado, presente tomando su mano.

Apoyar el llamado de tu esposa no te hace menos. Te hace parte del plan. Lapidot fue el hombre cuya luz permitió que Débora brillara con la de Dios. Su rol fue discreto, pero firme, para impulsar.

A veces, el papel del esposo no es destacar, sino sostener, orar, cubrir y creer.

Y desde ahí, ser parte del avance del Reino. Lapidot es el ejemplo de un hombre que su masculinidad no se sentía amenazada. Por el contrario, desde su fuerza masculina le impartió a Débora el ánimo para que lo lograra. Hay que ser un hombre muy seguro y con identidad para impulsar cuando tú no eres el llamado.

Para pensar hoy:
¿Puedo reconocer que el llamado de mi esposa también es parte de mi propósito?
¿Me cuesta aceptar un rol silencioso pero poderoso?
¿Sé cuál es mi identidad en Cristo?

Oración:

Señor, hoy reconozco que mi esposa tiene un llamado especial de parte tuya. Ayúdame a ver su propósito con ojos espirituales, sin celos ni temor. Dame un corazón humilde y seguro para caminar a su lado, no desde la sombra, sino desde el amor que empuja hacia adelante.

Hazme como Lapidot: un hombre que no necesita ser visto para ser útil, un esposo que sostiene el fuego de su esposa sin querer apagarlo. Enséñame a honrar lo que haces en ella y a encontrar mi lugar dentro de tu plan mayor para nuestro hogar.

Espacio personal:

¿Qué emociones me surgen al pensar que Dios puede usar a mi esposa poderosamente?

¿Cómo puedo hoy, de manera práctica, apoyar su llamado?

¿Cómo me veo a través de los ojos de Cristo?

El apoyo invisible que Dios honra

"Tu Padre que ve en lo secreto te recompensará en público."
Mateo 6:6b

Así que muchas de las cosas más valiosas en la vida suceden **sin aplausos** humanos, pero con registro en el cielo.

Dice que nada de lo que hacemos para Dios se queda sin pasar, tendrá recompensa. Preparar el café mientras ella estudia. Orar por ella mientras duerme. Quedarse en casa con los hijos mientras ella cumple un compromiso.

Son acciones pequeñas que no llenan titulares, pero **sí llenan el corazón de Dios**.

Cuando sirves desde el amor, sin buscar reconocimiento, estás reflejando el carácter de Cristo. **Jesús lavó pies en secreto antes de ser glorificado.**

El que sirve en lo escondido, se parece al Maestro.

Quizás nadie ve lo que haces. Quizás sientes que nadie lo agradece. Pero **Dios sí lo ve**, y no es indiferente.

Él **honra al que sostiene en lo secreto**. Él **recompensa al que ama sin condiciones**. Tu apoyo —aunque invisible para muchos— es **clave para el avance del propósito** que Dios ha puesto sobre tu hogar.

Para pensar hoy:

¿En qué momentos sirvo en silencio a mi esposa?

¿He estado esperando reconocimiento o puedo hacerlo como un acto de amor hacia Dios?

¿Estoy sirviendo desde el amor o el que no me queda más remedio?

Oración:

Señor, gracias por ver lo que otros no ven. Enséñame a valorar cada oportunidad de servir a mi esposa, aun en lo oculto. Quita de mí toda necesidad de aprobación humana, y lléname con la seguridad de que **Tú me ves y me honras**.

Haz de mí un esposo dispuesto a servir **sin aplausos**, sabiendo que el amor verdadero no necesita ser exhibido, solo vivido con fidelidad.

Espacio personal:

¿Cuál fue la última vez que hice algo por amor y no lo compartí con nadie?

¿Qué puedo hacer esta semana para fortalecer a mi esposa de manera silenciosa pero intencional?

¿Por qué me menosprecio cuando sirvo a mi esposa?

Eres parte del plan, no un mero espectador

"Y si uno prevalece contra él, dos le resistirán; y cordón de tres dobleces no se rompe pronto." Eclesiastés 4:12

Cuando tu esposa está cumpliendo su llamado, es fácil sentir que tú solo estás mirando desde un asiento tras bastidores. Pero **Dios no te dejó fuera del plan**. No estás observando desde las gradas; estás **en el campo de batalla, a su lado**. Cubriéndola en oración, parándote en la brecha para que pueda fluir y protegiéndola de los ataques a su mente o corazón.

Puede que tu rol no sea público, ni tenga títulos, ni reciba atención. Pero eso no lo hace menos esencial. La visión de Dios para el matrimonio es una de **unidad y propósito compartido**.

El cordón de tres dobleces —tú, ella y Dios— no se rompe cuando **cada uno ocupa su lugar**.

No hay espacio para la pasividad en el Reino. Si tu esposa avanza en su propósito, tú también tienes un lugar activo. Acompañas, oras, trabajas, proteges, animas. **Se complementan** en el llamado: ella recibe la instrucción, tú estás para apoyarla, discernir, orar y cuidar que todo marche como Dios lo ha establecido.

Y ser parte del llamado **no siempre se ve "espiritual" desde afuera**. A veces se ve como fregar los platos. Cocinar cuando ella no puede. Hacer la limpieza de la casa. Ser parte del ministerio también es **quitarle una carga para que pueda fluir.**

Entre tú y yo: **Esto también es adoración a Dios.** Es tu forma de decir: "Estoy aquí. Somos un equipo. Y no me molesta servir porque te amo."

Hombres de Dios: no podemos sentarnos a esperar que todo se haga solo. La ayuda idónea también necesita ayuda. Tu servicio diario es parte del ministerio que Dios te confió.

Tu presencia comprometida es parte del diseño divino. No te subestimes.

Dios te llamó **con ella, no después de ella.**

Para pensar hoy:

¿Hay momentos en los que me he sentido como un simple espectador?

¿Qué me está mostrando Dios hoy sobre mi lugar en este llamado compartido?

Oración:

Señor, gracias porque no me has dejado fuera de Tu propósito. Perdóname si he visto el llamado de mi esposa como algo ajeno o distante. Recuérdame que nos uniste con un propósito eterno, y que tengo un rol activo que cumplir.

Hazme presente, sensible y dispuesto. Que nunca me quede esperando en la orilla cuando me has llamado a caminar junto a ella en fe y obediencia.

Dame discernimiento y valor para reconocer que **no puedo dejar que las cosas surjan solas**, sino que debo involucrarme activamente en lo que Tú le mandaste a hacer.

Espacio personal:

¿De qué formas puedo ser más intencional en participar activamente en el propósito que Dios le dio a mi esposa? ¿Qué cambios prácticos puedo hacer esta semana para estar más conectado a su llamado?

El valor del silencio que sostiene

"El amor todo lo sufre, todo lo cree, todo lo espera, todo lo soporta."
1 Corintios 13:7

No siempre se trata de decir algo. A veces, lo más sabio y amoroso que puedes hacer es **guardar silencio**, estar presente y acompañar con calma.

Tu esposa no siempre necesita respuestas ni soluciones. A veces, lo único que necesita es saber que estás ahí: **firme, tranquilo, confiando con ella.**

El silencio puede ser más fuerte que las palabras, cuando está lleno de amor, respeto y apoyo. No se trata de ignorar, sino de **sostener.**

El simple hecho de **escucharla sin interrumpir**, de mirarla a los ojos y demostrar que estás presente, la reconforta más que cualquier sermón bien intencionado.

Cristo mismo **guardó silencio ante el dolor del mundo**, y aun así **sostuvo todo con su presencia y entrega.**

Tu presencia puede ser un refugio para ella: un lugar donde puede llorar sin ser corregida, pensar en voz alta sin ser juzgada, procesar sin presión.

Ese tipo de silencio también habla. Y dice: **"Estoy contigo. No tienes que cargar sola."**

A veces creemos que ayudar es aconsejar, corregir o resolver. Pero muchas veces, sin querer, interrumpimos lo que el Espíritu Santo está trabajando en ella. Recuerda que los amigos de Job comenzaron bien **cuando se sentaron en silencio**, pero metieron la pata **cuando comenzaron a hablar demasiado**.

Para pensar hoy:

¿He aprendido a acompañar en silencio?
¿Siento la necesidad de hablar cuando solo se me pide estar presente?

Oración:

Señor, enséñame a valorar el poder del silencio lleno de amor. Que no corra a hablar cuándo lo que ella necesita es mi escucha y mi presencia. Dame sabiduría para saber cuándo guardar silencio, cuándo abrazar, cuándo simplemente sentarme a su lado.

Hazme un lugar seguro para mi esposa, donde ella sepa que no necesita estar fuerte todo el tiempo para ser amada.

Espacio personal:

¿Cuándo fue la última vez que acompañé a mi esposa sin intentar dar soluciones?
¿Qué puedo hacer esta semana para que ella se sienta más escuchada y comprendida?

Lapidot: Luz que permite brillar

"Vosotros sois la luz del mundo… alumbre vuestra luz delante de los hombres."
Mateo 5:14, 16

Lapidot aparece solo una vez en la Biblia. No hay discursos suyos, ni hazañas ni grandes relatos. Pero fue el esposo de Débora, una mujer de autoridad, sabiduría y liderazgo espiritual. ¿Y qué significa su nombre? **"Antorcha."** **Luz.**

Débora no vivía en un tiempo donde se valoraba el liderazgo femenino. Vivió en una sociedad profundamente patriarcal, donde las mujeres rara vez ocupaban lugares de gobierno, juicio o dirección espiritual.

Y sin embargo, **fue ella** quien lideró a Israel. Y fue **Lapidot** quien caminó a su lado.

No fue una luz que opacó, sino una luz que **permitió brillar**. No fue un fuego que compitió, sino una llama que **acompañó**.

Lapidot no necesitó protagonismo, porque entendía que el propósito era más grande que su ego. Y eso lo convirtió en parte activa del plan de Dios.

Cuando Dios llama a tu esposa, no te está reemplazando. **Te está posicionando.**
No estás perdiendo luz. **Estás siendo parte del reflejo.**

El que ayuda a brillar también está alumbrando. Tu humildad y tu apoyo pueden ser la plataforma donde ella se eleva. Y cuando ella brilla para Dios, tú también estás cumpliendo tu propósito.

Lapidot fue luz en el anonimato. Y Dios honró su nombre en la historia de Israel.

Para pensar hoy:

¿Estoy siendo una luz que enciende o una que compite?
¿Estoy dispuesto a dejar que Dios brille a través de mi esposa sin sentirme amenazado?

Oración:

Padre, hazme como Lapidot: una antorcha fiel, presente, encendida para que otros brillen para ti. Quita de mí toda inseguridad, orgullo y temor que me impidan celebrar el llamado de mi esposa.

Hazme ese hombre que sostiene, que enciende, que impulsa... sabiendo que en Tu Reino **no hay competencia**, sino propósito compartido. Permíteme **brillar al acompañar su luz**.

Espacio personal:

¿Hay áreas en las que me cuesta aceptar que ella brille más que yo?
¿Cómo puedo ser hoy una antorcha que anime e impulse a mi esposa en su llamado?

Cuando ella avanza, tú también lo haces

"Ya no son dos, sino una sola carne. Por tanto, lo que Dios juntó, no lo separe el hombre." Mateo 19:6

Cuando tu esposa crece, tú también creces. Cuando ella avanza en su llamado, **tú también te mueves hacia tu propósito**. En el diseño de Dios, el matrimonio no es una competencia, sino un **pacto de unidad eterna**, ahora son una sola carne.

Lo que ella conquista también es parte de **tu herencia**.

No se trata de quién va más rápido, ni de quién tiene más dones, a veces ella va rápido y otras veces tu crecimiento sea mayor, pero en ambos casos los dos crecen. Se trata de entender que **son uno**. Si uno florece, florece el otro. Y eso implica **alegría mutua**, celebración compartida, gozo en equipo. Implica mirar sus avances como tuyos, **sin temor a quedar atrás**, su avance te atraerá a subir,

Cuando tú la animas, la impulsas, y no sientes que su éxito te disminuye, estás caminando con **madurez de Reino**.

Tu bendición está también en su obediencia. **Y su avance no es una amenaza.**

Es testimonio de lo que Dios está haciendo **en ambos**.

En el cuerpo de Cristo, nadie compite por gloria. Se comparte la victoria para gloria de Dios.

Piénsalo así: cuando tu esposa obedece a Dios, tú heredas fruto también.

Como Zacarías cuando Isabel concibió por fe, como José cuando María aceptó ser madre del Salvador. **Ambos recibieron parte del milagro, aunque no todos los reflectores los alumbraban,** y a ambos Dios los honro por cubrir, apoyar sin competir.

Para pensar hoy:

¿He celebrado sus logros como si fueran míos?
¿Estoy realmente convencido de que somos uno, incluso en el llamado?

Oración:

Señor, gracias porque no me diste una esposa para competir, sino para caminar juntos en unidad. Enséñame a ver sus victorias como bendiciones compartidas, y a celebrar su crecimiento con un corazón sano.

Rompe en mí toda comparación, todo orgullo, toda inseguridad. Recuérdame que lo que ella conquista también forma parte de **nuestro propósito como uno solo.** Quiero caminar contigo, y con ella, en el mismo paso.

Espacio personal:

¿Hay alguna victoria de mi esposa que no celebré cómo debía?
¿Qué puedo hacer hoy para demostrarle que estoy feliz por su crecimiento y que estoy de su lado?

La oración como motor de su éxito

"La oración del justo es poderosa y eficaz." Santiago 5:16b (NVI)

En la vida cristiana la oración es el fundamento de total dependencia de Dios,

Puedes animarla, apoyarla, escucharla... pero nada tendrá tanto impacto eterno como **tu oración por ella**.

La oración no es un último recurso; es **el combustible espiritual** que activa, protege y sostiene el llamado de tu esposa. Cuando oras por ella, estás **cubriendo su corazón, su mente, sus pasos**. Estás levantando un muro invisible contra la confusión, el desánimo y el ataque. Estás poniendo **tu autoridad espiritual al servicio de su propósito**. Al orar por ella, estas levantando sus manos cuando ella se cansa en la batalla. Entiende que Dios te confió a ti, a tu esposa para que tú la cuides, la protejas y levantes en oración. En mi caso me tomo mucho tiempo entender la importancia de cubrir a mi esposa. No porque no la amo o no me importe. Es que a mis ojos ella es la mujer más fuerte que he conocido. jamás deja de sorprenderme su fuerza y su fe aun en las peores circunstancias. Ella no se rinde, no parece tener miedo. ¿Para qué tendría que orar yo por ella? La vi interceder hasta provocar los Milagros. No entendía que sus fuerzas venían de Dios. Ella misma le pedía a Dios que la cubriera por mi falta de oración para protegerla. Y es que, aunque la he visto romperse y quebrantada, jamás podré verla como débil o indefensa. Entendí que en la vida le toco ser la fuerte pero su corazón anhelaba sentirse sostenida y protegida por mí. Ahora no faltan mis oraciones para ella, por ella y sus asuntos.

Lapidot, tú eres el intercesor de tu esposa. A ti ha sido otorgada la autoridad de ser su intercesor personal y nadie mejor que tu para cubrirla. Y no necesitas usar palabras rebuscadas ni orar por horas. Basta con un corazón sincero que diga: "Señor, úsala. Protégela. Llévala lejos. Y enséñame a sostenerla." Una esposa sostenida en oración tiene una fuerza que no se ve, pero **se siente**. Y mientras ella avanza, tú también estás caminando en obediencia al llamamiento de ser **cabeza, intercesor y compañero fiel**. Tu oración **es cobertura, es honra, es amor en su forma más madura**. Es tu forma de decir: **"No estás sola. Estoy peleando por ti en lo invisible."**

Para pensar hoy:
¿Estoy orando por mi esposa con intencionalidad?
¿Estoy siendo un respaldo espiritual real en su vida?

Oración:
Dios, hoy me comprometo a ser un hombre que ora. No quiero solo hablar de fe,

quiero **pelear en oración por mi esposa**.

Guárdala del cansancio, del desánimo y de las dudas. Renueva su visión y afírmala en su propósito. Que cada paso que dé esté cubierto por mi fe,

mi obediencia y mi amor.

Hazme un intercesor fiel: uno que **sostiene sin soltar**, que cree sin ver, y que confía en lo que estás haciendo en ella. No permitas que mi orgullo o pasividad saboteen la misión que nos has encomendado como uno solo.

Espacio personal:

Haz una lista corta:

¿Qué áreas específicas necesita tu esposa que ores por ella hoy?

¿Qué puedes orar diariamente esta semana para cubrirla en su llamado?

Semana 1 – Fundamentos del llamado compartido

Reflexión semanal

Apoyar el llamado de tu esposa **no te hace menos hombre; te hace más obediente**. Esta semana hemos recordado que el diseño de Dios para el matrimonio es de colaboración, unidad y propósito compartido.

Lapidot no fue menos por no tener protagonismo. Fue fiel, presente y útil.

Cuando eliges servir, orar, acompañar y celebrar a tu esposa, estás caminando **en línea con el corazón de Dios**. No eres un espectador.

Eres parte del propósito eterno que Dios diseñó para ambos. Y ese papel, aunque silencioso muchas veces, **es poderoso en el cielo**. Dios te ve. Dios te honra. Dios te está formando.

Tu eres su intercesor.

Oración semanal

Señor, gracias por hablar a mi corazón esta semana. Gracias por recordarme que tengo un papel esencial en el llamado de mi esposa. Hazme un hombre humilde, confiado en Ti, libre de comparación y lleno de amor. Quiero sostener en silencio, orar con poder, servir con alegría y avanzar como uno solo junto a mi esposa.

Ayúdame a ser como Lapidot: presente, firme y lleno de luz para que ella brille. Gracias porque Tú me ves, me incluyes y me fortaleces. Amén.

Espacio personal semanal

Tómate unos minutos para reflexionar:

¿Qué aprendí sobre mí mismo esta semana?
¿Qué pensamientos, temores o actitudes necesito soltar
para apoyar mejor el llamado de mi esposa?
¿Qué cosas prácticas he comenzado a hacer diferente desde
el Día 1?
¿Cómo ha sido mi oración por ella esta semana?
¿Qué quiero pedirle a Dios para seguir creciendo?

Semana 2

Desafíos emocionales y espirituales

Lidiar con el ego masculino

"El que quiera hacerse grande entre ustedes deberá ser su servidor."
Mateo 20:26b

Uno de los obstáculos más comunes cuando Dios llama a tu esposa es el ego. Ese orgullo silencioso que susurra: **"¿Y yo qué?" "¿Por qué ella y no yo?"**

Es más común de lo que crees, y no eres menos espiritual por sentirlo. Pero **no puedes permitir que gobierne tu corazón**, debes llevar esos pensamientos a la obediencia a Cristo.

Jesús nos enseñó que la grandeza **no está en la posición** que ocupamos, sino en el servicio que ofrecemos. Si te cuesta verla avanzar, crecer o ser reconocida, haz una pausa... y **mira a Cristo.**

Él, siendo Dios, lavó pies. No buscó aplausos. No exigió reconocimiento.
Sirvió con humildad radical. Porque **servir es liderazgo. Amar es fuerza.**

Ceder también es madurez.

El ego quiere ser el centro. El amor verdadero quiere que **Cristo sea el centro.**

Y cuando Él está en el centro, no importa quién esté adelante, porque **todos estamos caminando bajo un mismo propósito**. El ego te aprisiona. El ego te nubla la vista. El ego contamina tu corazón. El ego te aleja de Dios. Soltar el ego no te quita valor. Te devuelve la libertad. Te hace más parecido a Jesús.

Para pensar hoy:

¿He sentido celos o incomodidad al ver avanzar a mi esposa?
¿Estoy dispuesto a dejar que el Espíritu Santo me libere del orgullo?
¿Por qué me siento de esa manera?

Oración:

Señor, hoy rindo mi ego a tus pies. Quita de mí todo pensamiento de competencia, comparación o inseguridad. Enséñame a servir como Tú sirves, a valorar el llamado de mi esposa sin sentir que eso me disminuye. Dame un corazón humilde, libre y lleno de gozo por lo que Tú estás haciendo en ella. Hazme un hombre que **honra, impulsa y celebra** el crecimiento del otro. Con tu ayuda resistiré al ego que me hace dudar, y seré el hombre que **acompaña, respeta y ama**.

Espacio personal:

¿Qué situaciones me han revelado que mi ego necesita morir?
¿Cómo puedo esta semana practicar la humildad con acciones concretas hacia mi esposa?

¿Y si gana más que tú?

"La vida del hombre no consiste en la abundancia de los bienes que posee."

Lucas 12:15b

Vivimos en una cultura que suele medir el valor de un hombre por **cuánto gana**, cuánto dinero posee. Por eso, cuando una esposa gana más que su esposo, pueden surgir sentimientos de **inseguridad, inferioridad o incluso vergüenza**.

Pero el Reino de Dios opera con **otro sistema de valores**. Para Dios, **no vales por tu ingreso**, sino por tu **obediencia**. Él no mira el tamaño del cheque, de tu casa, la marca de tu carro ni cuánto dinero tienes ahorrado. Dios ve la **fidelidad de tu corazón**.

Si ella gana más... ¡**alégrate**! Eso es bendición para los dos. Es evidencia de que Dios **está proveyendo** a través de ella, y de que ambos están caminando en su propósito. Y eso está bien.

En estos tiempos las mujeres se educan y se preparan mejor académicamente que muchos hombres. Tienen habilidades que no poseemos y pueden ver más allá de sus narices. Tienen un discernimiento que viene del Reino de los Cielos.

Así que no me extraña que ocupen posiciones de alto rango y generen ingresos ostentosos. Ellas suenan con cambiar la historia creando un mundo más equitativo para las Déboras que vienen detrás.

Su éxito económico no te hace menos. Tu valor no disminuye. Al contrario: cuando la cubres, la celebras y la apoyas, **estás caminando como un verdadero líder espiritual.** Tu rol como hombre **no está definido por un salario**, sino por tu **carácter**, tu **liderazgo espiritual**, tu **servicio** y tu **integridad**.

En la cultura, el líder es el que gana más. **En el Reino, el líder es el que ama mejor.**

Para pensar hoy:

¿Me siento menos valioso si mi esposa gana más? ¿Qué mentira sobre mi identidad necesito reemplazar con la verdad de Dios?

Oración:

Padre, gracias por proveer para nuestro hogar, aunque a veces no lo hagas a través de mí. Sana cualquier parte de mi corazón que haya confundido dinero con valor. Enséñame a ver el éxito de mi esposa como **nuestra bendición**, no como una amenaza. Afirma mi identidad como tu hijo. Recuérdame que mi dignidad **no está en lo que gano**, sino en **quién soy para Ti**. Hazme un hombre que celebra, que apoya, y que encuentra gozo en la provisión que viene de tu mano, aunque venga a través de ella.

50

Espacio personal:

¿Cómo he reaccionado cuando ella ha sido más exitosa económicamente?

¿Qué verdad bíblica necesito declarar hoy sobre mi identidad y mi valor como hombre?

Tu identidad no está en el control

"Fíate de Jehová de todo tu corazón, y no te apoyes en tu propia prudencia."
Proverbios 3:5

Muchos hombres —incluso sin darnos cuenta— asociamos nuestra identidad con el tener todo bajo el control: **controlar decisiones, horarios, finanzas, ideas...**

Y aunque fuimos creados para ser cabeza del hogar, Dios no hablaba de control sino de liderar, dirigir, tener estabilidad y brindar cobertura. Jesús no controlo, Jesús lideró, cubrió, influenció y nos dio ejemplo con su propia vida.

Cuando tu esposa comienza a tener visión, liderazgo o influencia, puedes sentir que estás perdiendo el control... y con él, **tu lugar.**

Pero esa idea proviene del mundo, no del Reino. **Dios no nos llamó a controlar.**

Nos llamó a **guiar, amar y servir.**

Tu identidad no se basa en cuánto control tengas, sino en **cuánto confíes.**

Confianza en Dios. En Su plan. En el diseño que Él creó para ustedes como pareja.

Cuando dejas de controlar y comienzas a confiar, encuentras descanso. **Y tu esposa también.**

Porque el control te desgasta, te desgasta tu fe y tus relaciones pero la confianza **libera** y da libertad a los que están en tu casa bajo tu cuidado.

Para pensar hoy:
¿He sentido temor o ansiedad al ver que no todo está bajo mi control?
¿Puedo confiar más en Dios y menos en mi propia fuerza?

Oración:
Señor, hoy rindo mi necesidad de controlar. Reconozco que a veces me aferro a decisiones o actitudes por miedo. Pero Tú eres quien sostiene mi casa, mi matrimonio y nuestro propósito.

Enséñame a liderar con amor, no con presión. Dame sabiduría para soltar lo que no me corresponde, y humildad para confiar en lo que Tú estás haciendo en nosotros. Hazme sensible a Tu voz, y ayúdame a recordar que **Tú tienes el control absoluto de nuestras vidas** y del propósito de nuestro matrimonio. Hoy declaro: **confío más en Ti que en mis propias manos.**

Espacio personal:

¿En qué áreas de mi relación he querido tener el control?
¿Qué pasos puedo dar hoy para ejercer un liderazgo basado en confianza y no en imposición?

El orgullo no tiene lugar en el Reino

"Dios resiste a los soberbios, y da gracia a los humildes." Santiago 4:6

El orgullo es una trampa silenciosa. Comienza con un pensamiento, una acción y cuando vienes a ver ya eres orgulloso. Muchas veces el orgullo se disfraza de liderazgo, de rectitud... incluso de "tener la razón". Pero en realidad, **endurece el corazón**, cierra los oídos y **ahoga el amor**. Lo peor es que te aleja de Dios.

A veces, también **corrompe y destruye el propósito**, incluso cuando las intenciones eran buenas. En el matrimonio, el orgullo puede impedirte **pedir perdón**, reconocer que ella tenía razón, o aceptar que **Dios la está usando poderosamente**.

Y cuando eso sucede, no solo se pierde la paz... **también se pierde la bendición**, recuerda que Dios ve de lejos al altivo. El Reino de Dios **no se edifica sobre orgullo**, sino sobre **humildad**, sobre Cristo que dijo que era humilde y manso.

Jesús, siendo Rey, **se humilló hasta lo más bajo... y fue exaltado hasta lo más alto.**

Cuando la humildad entra en tu relación, todo cambia: hay más escucha, más aprendizaje, más unidad. Porque no se trata de quién manda... sino de **quién se parece más a Cristo.** Y esa es nuestra meta.

Para pensar hoy:

¿He permitido que el orgullo me impida ver o celebrar lo que Dios está haciendo en mi esposa?

¿Estoy dispuesto a humillarme para que el Reino se vea en mi hogar?

Oración:

Señor, muéstrame dónde hay orgullo en mi corazón. Ayúdame a derribar cada barrera que me impida amar, aprender o cambiar. Dame un espíritu humilde, como el de Cristo, que no busca ser servido, sino **servir**. Haz que mi matrimonio sea tierra fértil para la **gracia**, no para la **soberbia**. Y cuando me cueste ceder, recuérdame que **Tu Reino no se trata de mí... sino de Ti.** Hoy rindo mi orgullo, y te entrego mi corazón.

Espacio personal:

¿Hay algo que necesito reconocer o pedir perdón a mi esposa esta semana?

¿Qué actitud de humildad puedo practicar hoy, aunque me cueste?

Su éxito es tu legado también

"Uno siembra, otra siega... y ambos se alegran juntamente."
Juan 4:36

A veces nos enseñaron que el legado se construye solo con lo que **hacemos nosotros directamente**: nuestros logros, nuestros proyectos, nuestras ideas.

Pero en el Reino de Dios, el legado también se construye a través de **lo que ayudamos a otros a alcanzar**. Especialmente cuando ese "otro" ... **es tu esposa**.

Cuando ella crece, tú estás sembrando. Cuando ella avanza, tú estás colaborando con el cielo. Tal vez **nadie te mencione**. Tal vez **no subas al escenario**. Pero **Dios lo ve**. Y **Dios recompensa**.

¿Oraste por ella mientras estudiaba? ¿Levantaste sus manos en la batalla? ¿La cuidaste cuando estaba enferma? ¿La afirmaste cuando dudaba?
Cada acto de apoyo es una semilla eterna. Y el fruto que ella da... **también es tu cosecha**.

No necesitas competir para dejar un legado. A veces, el legado más duradero se construye **en la sombra de tu fidelidad, en**

el silencio de tu oración, en el gozo con que empujas a otros hacia su destino.

Dios honra al hombre que impulsa a otros hacia su propósito. Y cuando lo haces con tu esposa, estás participando en algo que **trasciende logros personales**: estás sembrando para generaciones.

Para pensar hoy:
¿He entendido que su éxito también es mi herencia espiritual?
¿Estoy valorando el impacto eterno de mi apoyo, aunque nadie lo vea?

Oración:
Señor, gracias por permitirme sembrar en la vida de mi esposa. Aunque no todos lo vean, Tú sabes cuánto amor, esfuerzo y fe hay en cada acto de apoyo. Hazme entender que el legado no se trata de **fama**, sino de **fidelidad**. Permíteme alegrarme profundamente por cada fruto que ella coseche, sabiendo que también son parte de **mi siembra**. Que nuestras victorias sean compartidas, y que en todo **Tú seas glorificado.**

Espacio personal:
¿Qué logros recientes de mi esposa puedo celebrar como parte de nuestro legado?
¿Hay algo que hoy necesito agradecerle por el impacto que está dejando en otros?

Ser cabeza no es ser tirano

"Maridos, amad a vuestras mujeres, así como Cristo amó a la iglesia, y se entregó a sí mismo por ella." Efesios 5:25

El llamado a ser **cabeza del hogar** no es un permiso para dominar, sino una **invitación a amar y servir como Cristo.** Y Cristo no impuso, no gritó, no humilló. **Él amó con paciencia, con servicio, con sacrificio.**

Muchos malinterpretan el liderazgo del hombre como autoridad incuestionable. Pero la verdadera autoridad **nace de la entrega, no del control.**

Ser cabeza es ser el primero en:

- amar,
- pedir perdón,
- proteger,
- y buscar el bienestar del otro.

Aunque se nos haga difícil, tenemos que asumir ese rol como **sacerdotes del hogar:** hombres que **vigilan, oran y acompañan, sin gritos ni insultos, sin querer imponernos por fuerza.**

Jesús fue cabeza lavando pies. Y tú lideras cuando sirves, **no cuando te impones.**

Tu esposa no necesita un dictador. Necesita un **líder espiritual.** Alguien que guíe desde la gracia, no desde el miedo, desde el amor y no desde la tiranía.

Un hombre **firme, pero tierno. Valiente, pero sensible. Sujeto a Dios, antes que a su propio orgullo.** Ese es el liderazgo que refleja a Cristo.

Para pensar hoy:

¿Estoy liderando como Cristo lo haría?
¿Mi liderazgo en casa se basa en el servicio o en la necesidad de controlar?

Oración:

Señor, transforma mi concepto de liderazgo. Que no me aferre a la posición de "cabeza" como excusa para imponer, sino como un **llamado a amar más profundamente.** Enséñame a servir, a escuchar, a guiar con tu ejemplo. Hazme un esposo que lidera desde el corazón, que se entrega por su esposa y que refleja a Jesús en cada decisión, palabra y acción. Quiero liderar como Tú lideras: con manos que sirven, con palabras que sanan, con una vida que inspira.

Espacio personal:

¿Cómo reacciono cuando no se hace lo que yo digo en casa?
¿Hay algo que necesito cambiar en mi forma de liderar para parecerme más a Jesús?

La sumisión mutua que edifica

"Someteos unos a otros en el temor de Dios." Efesios 5:21

Muchos hombres citan Efesios 5 para recordar que la mujer debe someterse al esposo. Pero olvidan que el versículo anterior dice: **"Someteos unos a otros."**

Antes que autoridad, hay **humildad**. Antes que liderazgo, hay **servicio**. Antes que dirección, hay **escucha**. La **sumisión mutua no es debilidad**, es **amor maduro**.

Es saber ceder, saber valorar la opinión del otro, saber discernir cuándo hablar... y cuándo simplemente apoyar. El matrimonio **no es una jerarquía**, es una **alianza sagrada entre dos siervos de Cristo.**

Cuando tú también eliges **someterte por amor**, estás reflejando a Cristo.

Y lejos de perder autoridad, **la estás consolidando en el Reino.**

Tu esposa no necesita un juez. Necesita un compañero de fe. Un hombre que no la empuje ni la arrastre, sino que **camine con ella, hombro a hombro**, hacia el propósito eterno.

En nuestro matrimonio hemos decidido que todas las decisiones las tomamos juntos. En la casa mi esposa se sujeta a mi porque yo soy la cabeza según lo establece la Biblia. En los negocios, yo me sujeto a ella porque Dios le entrego la visión a mi esposa y esa es mi obediencia. Pero en todo hablamos y llegamos a acuerdos. Hay momentos que tenemos que ceder por el bienestar común y el propósito que nos unió. Cada día valoramos nuestras opiniones y respetamos nuestras diferencias. Y eso nos hace una pareja que trabaja en sinergia.

Para pensar hoy:
¿He entendido que la sumisión mutua es parte del diseño de Dios para el matrimonio?
¿En qué áreas necesito ceder o escuchar más?

Oración:
Señor, gracias por enseñarme que el amor no domina, sino que **se entrega**. Enséñame a caminar en sumisión mutua con mi esposa, reconociendo el valor de lo que Tú estás haciendo en ella. Quita de mí todo orgullo disfrazado de autoridad. Hazme un hombre dispuesto a escuchar, a ceder, y a amar como Tú amas: sin condiciones y con entrega total. Hoy elijo caminar contigo... y con ella, **desde la humildad, no desde la imposición.**

Espacio personal:

¿En qué decisiones recientes he actuado con imposición en vez de diálogo?

¿Qué cambios pequeños puedo hacer para vivir una sumisión mutua más sana y madura?

Semana 2 – Renovando el carácter para sostener el propósito

Reflexión semanal

Esta semana fue una **confrontación amorosa al corazón.** Dios nos mostró que el ego, el orgullo, el deseo de control y las inseguridades **no construyen**, sino que **destruyen.**

El liderazgo verdadero **no impone, sirve.** El amor maduro **no compite,** **celebra.** Y la autoridad espiritual **no se exige, se gana con humildad.**

Cuando dejamos que Dios trate con nuestras emociones y nos quitamos la armadura del ego, podemos **amar mejor, liderar mejor** y **apoyar con libertad.** Porque en el Reino, **la fuerza no está en mandar**, sino en **servir como Cristo lo hizo.**

Oración semanal

Señor, gracias por trabajar en mi corazón esta semana. Perdóname si he buscado controlar, dominar o compararme. Hoy rindo mi ego, mi orgullo y mi necesidad de tener siempre la razón. Hazme un esposo como Jesús: **tierno, firme, sabio** y dispuesto a amar sin condiciones. Ayúdame a **practicar la sumisión mutua**, y a liderar con entrega, no con presión. Haz que mi hogar refleje tu Reino, y que cada paso que dé... sea en humildad. Amén

Espacio personal semanal

¿Qué pensamientos o actitudes necesito rendir a Dios hoy?

¿Qué parte de mi carácter fue más desafiada esta semana?

¿Cómo ha mejorado mi forma de ver el llamado de mi esposa en estos días?

¿Qué pasos concretos puedo dar para liderar con humildad y libertad?

Semana 3

Prácticas que fortalecen el matrimonio

Cómo animarla cuando quiere rendirse

"Animaos unos a otros, y edificaos unos a otros." 1 Tesalonicenses 5:11

Hasta la mujer más fuerte tiene días de debilidad. Aunque esté cumpliendo su llamado, también se cansa, duda, llora. Y en esos momentos, **tu voz como esposo puede hacer la diferencia.**

Una palabra de ánimo, un recordatorio de su propósito, un gesto de ternura puede devolverle la fuerza para seguir. No necesitas tener todas las respuestas, solo estar presente y hablar vida.

Dios te ha puesto como compañero, no solo para disfrutar los logros, sino para sostenerla en sus momentos más difíciles. **Tu fe puede ser el puente entre su desánimo y la esperanza.** Cuando ella no vea con claridad, préstale tus ojos de fe. Cuando quiera rendirse, recuérdale quién la llamó. Tu ánimo no es solo emocional; es espiritual. Eres parte activa de su restauración y de su avance.

Para pensar hoy:

¿Estoy siendo fuente de ánimo para mi esposa? ¿Sé cómo levantarla cuando está a punto de rendirse?

Oración:

Señor, dame sabiduría para saber cuándo hablar y qué decir. Que mi boca sea fuente de vida para mi esposa. Enséñame a verla con tus ojos, a creer por ella cuando esté débil, y a recordarle con amor que Tú no la has soltado. Hazme un instrumento de restauración en sus momentos más vulnerables.

Espacio personal:

¿Cuáles son las frases que mi esposa más necesita escuchar cuando se siente desanimada?

¿Qué puedo hacer hoy para mostrarle que no está sola?

Celebra sus logros sin reservas

"Gozaos con los que se gozan." Romanos 12: 15a

Cuando tu esposa alcanza una meta, recibe un reconocimiento o da un paso importante en su llamado, **tu reacción tiene más peso del que imaginas**. Tienes que hacer de ese evento algo inolvidable. No hablo de comprarle un Bugatti, estoy hablando de detalles simples que la hagan sentir amada y valorada. A lo mejor una cena en su lugar favorito, un post en las redes sociales diciendo cuan orgulloso estás de ella. Puedes decirle comentarios o frases que le refuerces lo valiente que es. Otra frase puede ser: "te admiro y estoy seguro de que Dios está sonriendo por lo que has logrado", puede ser una flor, su favorita, prepararle un café, darle un masaje. Es hacer algo por ella para que se sienta amada. Un tipo: usa su lenguaje del amor para demostrarle cuan orgulloso estas de ella.

Entiende esto, tu afirmación puede hacer que ese momento sea **inolvidable...**
o dejar una **herida silenciosa**.

Celebrar sus logros **sin reservas** significa que:

- **no compites,**
- **no minimizas,**
- **no desvíes el enfoque hacia ti.**

Significa que estás genuinamente feliz, porque Dios la está usando. Y que entiendes que **su avance es también una victoria del equipo que forman juntos.**

Las mujeres que son celebradas por sus esposos **caminan con más seguridad.** Saben que no están solas. Saben que **no tienen que esconder su crecimiento para proteger tu ego.** Saben que en casa tienen a **su admirador más genuino.** Yo soy el "taster" numero uno de mi esposa. Nadie cocina mejor que ella.

Cuando tú celebras, siembras alegría, afirmación y unidad. Y **Dios también se goza contigo.** Celebrarla **es cubrirla.** Es cuidar su alma mientras florece. Es demostrarle que **su llamado no te amenaza, sino que te llena de orgullo santo.**

Para pensar hoy:
¿Estoy celebrando los logros de mi esposa con sinceridad y entusiasmo?
¿O he permitido que la comparación me robe la alegría?

Oración:
Padre, gracias por lo que estás haciendo en la vida de mi esposa. Enséñame a celebrarla con sinceridad, a reconocer

tu obra en ella, y a ser el primero en aplaudir cuando tú la haces avanzar. Quita de mí cualquier sombra de comparación o ego, y llena mi corazón de gozo puro y sincero por sus logros. Hazme un canal de afirmación, no de frialdad. Un esposo que celebra como tú celebras a tus hijos. Hoy elijo ser su alegría, no su obstáculo. Su aplauso, no su juicio.

Espacio personal:

¿Qué logro reciente de mi esposa no he celebrado cómo debería?
¿Qué gesto concreto puedo tener hoy para hacerla sentir afirmada y reconocida?

Carga su visión en oración

"Llevad los unos las cargas de los otros, y cumplid así la ley de Cristo."
Gálatas 6:2

Tu esposa **carga una visión** en su corazón: un llamado, una idea, un propósito que Dios ha sembrado en ella. Pero esa visión no viene sola. También trae **retos**, luchas internas, oposición espiritual, miedos, dudas...

No basta con animarla o admirarla desde afuera. Dios te llama a **cargar esa visión con ella, especialmente en oración.**

Cuando oras por lo que ella lleva dentro, **te unes a su propósito**. Estás diciendo: "No estás sola en esto. Yo también creo contigo; camino contigo, somos un equipo."

Tu intercesión por ella y la visión no solo fortalece su camino; **fortalece también la unidad del matrimonio**. No esperes a que haya crisis para orar. Haz de la oración por su llamado **una práctica constante**. Crea una lista, declara vida sobre sus proyectos, declara lo que ya fue escrito en el cielo.

Levanta su visión como levantarías sus brazos en medio de la batalla.

Como en Éxodo 17:11–13: *"Mientras Moisés levantaba sus manos, Israel prevalecía. Pero cuando bajaba sus manos, Amalec ganaba. Aarón y Hur se pusieron a cada lado y le sostuvieron los brazos hasta el final."*

Eso también es tu rol como esposo. Si esa visión vino de Dios, **Él también te eligió a ti para sostenerla en oración.**

Para pensar hoy:

¿Estoy orando regularmente por la visión que Dios le ha dado a mi esposa?
¿Sé cuáles son sus cargas, sueños y desafíos hoy?

Oración:

Señor, gracias por la visión que has sembrado en el corazón de mi esposa. Hoy la traigo delante de ti y la cubro con fe. Dale fuerzas cuando se sienta cansada, claridad cuando haya confusión, y valentía cuando dude. Hazme un intercesor constante, no solo cuando lo necesita, **sino todos los días como acto de amor y obediencia.** Quiero caminar contigo, orando por lo que Tú has puesto en su alma. Hoy asumo mi lugar como apoyo espiritual y compañero de propósito.

Espacio personal:

Haz una lista de 3 áreas específicas de su llamado que puedes comenzar a cubrir en oración esta semana. Escríbelas aquí y comprométete a orar por ellas cada día.

El poder de una palabra de afirmación

"La lengua apacible es árbol de vida." Proverbios 15: 4a

Las palabras tienen poder. Con ellas construyes mundos, abres heridas, sellas destinos. Y en el matrimonio, las palabras no se olvidan fácilmente. Las que afirman se convierten en raíz firme; las que hieren dejan huellas profundas.

Cuando tus palabras le quitan valor a tu esposa, ella no solo se hiere... **se siente invisible, no amada, ni valorada, descartada.** Eso genera desánimo y puede apagar la pasión por su llamado, recuerda que eres llama que enciende y acompaña.

Por más fuerte que sea, **tu esposa necesita escuchar de tus labios que crees en ella.** Que la admiras. Que estás orgulloso. Que lo está haciendo bien. Tu opinión es tan importante para ella.

No es por vanidad, es porque **todos necesitamos aliento,** especialmente cuando obedecemos a Dios en medio de presión y cansancio. Cuando la afirmas, haces más que levantar su ánimo: **refuerzas su identidad en Cristo.**

Le estás recordando que su esfuerzo no es invisible. Que su obediencia cuenta.

Que va en la dirección correcta. **Afirmar es profetizar esperanza.** Es mirar con los ojos de Dios y declarar con la boca lo que Él está haciendo en ella.

Es decirle: *"Te veo. Te valoro. Estoy contigo."*

Y esas palabras, cuando vienen del hombre que ella ama, **tienen un impacto eterno.** No esperes a que todo esté perfecto para hablar vida. A veces, **una sola palabra tuya a tiempo puede salvar su día... o incluso su llamado.** No olvides que ella es delicada en su interior la creas fuerte.

Para pensar hoy:

¿Estoy usando mi boca para afirmar a mi esposa cada día?
¿Soy consciente de cómo mis palabras impactan su seguridad y su llamado?

Oración:

Señor, perdóname si he callado cuando debía hablar, o si mis palabras no han sido fuente de vida. Hoy decido afirmar, alentar y levantar a mi esposa con mi voz. Dame sabiduría para decir lo correcto, valentía para ser expresivo, y sensibilidad para notar cuándo ella necesita oír una palabra tuya a través de mí. Haz de mi boca un instrumento de gracia, y de mis palabras, **semillas que fortalezcan su corazón.**

Espacio personal:

¿Cuándo fue la última vez que le dije a mi esposa cuánto valoro su esfuerzo?
Escribe 3 afirmaciones que puedas compartirle esta semana, basadas en lo que Dios está haciendo en ella:

1.
2.
3.

Sé su mayor fan y su roca emocional

"Mejor son dos que uno; porque tienen mejor paga de su trabajo. Porque si cayeren, el uno levantará a su compañero." Eclesiastés 4:9-10a

Tu esposa necesita muchas cosas, pero entre las más profundas están estas dos: **un apoyo emocional firme y una celebración constante.** Saber que tú estás con ella, no solo como pareja, sino como **su mayor animador, su roca, su compañero incondicional, para celebrar, batallar, reír, llorar y envejecer.** Ella puede tener muchas personas que la aplaudan en público, pero **solo tú tienes el poder de fortalecerla en lo íntimo.**

Cuando la vida pesa, cuando el ministerio desgasta, cuando la crítica o la comparación intentan hacerla dudar, **es tu presencia emocional la que le recuerda que no está sola.** Ser su mayor fan no se trata solo de estar en primera fila aplaudiendo sus logros. Se trata de admirarla con sinceridad, de hablar bien de ella cuando no está, de defender su integridad con firmeza, y de recordarle con tu amor que sigue siendo la elegida... **por Dios y por ti.**

Y ser su roca emocional no significa que debes tener todas las respuestas, sino **estar presente con fortaleza, sensibilidad y fe.** Que tus brazos sean refugio, tus palabras, bálsamo, y tu alma, un espacio seguro. Una mujer que sabe que su esposo la **admira y sostiene**... camina con más valentía.

Para pensar hoy:

¿Estoy siendo emocionalmente estable para mi esposa? ¿Puede ella decir con certeza que soy su mayor fan y su lugar seguro?

Oración:

Señor, ayúdame a ser para mi esposa un refugio emocional. Que cuando el mundo le pese, mis palabras la alivien. Que cuando dude, mi fe la impulse. Enséñame a admirarla sinceramente, a aplaudir sus logros, y a acompañarla en sus luchas con compasión y gozo. Haz de mí un hombre sensible, firme y lleno de gracia, para que ella sepa que contigo y conmigo, **jamás estará sola.**

Espacio personal:

¿Cuándo fue la última vez que me abrí emocionalmente con mi esposa?

¿Cuándo fue la última vez que le dije que la admiro?

Anota una acción concreta que puedas hacer esta semana para fortalecer tu presencia emocional en su vida:

—

—

—

Liderazgo de hogar y legado espiritual

"Instruye al niño en su camino, y aun cuando fuere viejo no se apartará de él." Proverbios 22:6

Tal vez no tengan hijos, al menos no ahora o no biológicos, pero eso no significa que tu llamado como hombre y líder del hogar esté incompleto. El hogar sigue siendo tu **primer ministerio**. Y en él, Dios también te ha confiado una asignación espiritual.

Tu responsabilidad como esposo sigue siendo la de **guiar, edificar, afirmar y cubrir**. Y parte de eso es aprender a equilibrar propósito y presencia: estar disponible emocionalmente, cuidar el ambiente del hogar, y fomentar una atmósfera donde ambos puedan **crecer sin competir**, y **florecer sin agotarse**.

Si en algún momento llegan los hijos, biológicos o espirituales, tu ejemplo ya será una guía viva. Y si no llegan, también estás sembrando legado: con tus palabras, con tu respaldo, con tu madurez.

Ser cabeza no es cuestión de jerarquía, sino de reflejar a Cristo. **Y el liderazgo en el Reino siempre edifica, nunca**

aplasta. Aunque tu esposa esté cumpliendo su llamado, eso no disminuye el tuyo —lo complementa.

82

Para pensar hoy:

¿Estoy liderando mi hogar con propósito, aunque no haya hijos?

¿Qué tipo de ambiente espiritual estamos construyendo juntos?

Oración:

Señor, gracias por el hogar que nos has confiado. Aunque no tengamos hijos, sabemos que somos llamados a reflejar tu Reino aquí dentro. Ayúdame a liderar con amor, a servir con alegría, y a afirmar a mi esposa con cada decisión. Haz de nuestra relación un ejemplo para otros, y que nuestro hogar sea tierra fértil para tu presencia, tu paz y tu propósito.

Espacio personal:

¿Qué legado espiritual estoy construyendo en nuestro hogar?

¿Qué ajustes puedo hacer para ser un líder más consciente y equilibrado?

Tiempo de calidad en medio de la agenda

"Todo tiene su tiempo, y todo lo que se quiere debajo del cielo tiene su hora." Eclesiastés 3:1

Entre el trabajo, la crianza, el ministerio y los compromisos diarios, el tiempo juntos puede comenzar a desaparecer lentamente. Y aunque vivan bajo el mismo techo, emocionalmente pueden sentirse en planetas distintos. Por eso, el tiempo de calidad **no es un lujo, es una necesidad espiritual**. No se trata de tener horas libres, sino de **crear momentos significativos con intención**, aunque sean breves.

Un café juntos en silencio. Una oración tomados de la mano. Una conversación sin el celular de por medio... Esos espacios pequeños pueden ser **oasis para el alma** y **combustible para su unidad**. Algo que hacemos con constancia juntos, este tiempo es sagrado para nosotros. Aún cuando ella viaja, tratamos de cenar juntos aún en la distancia. Cuando viaja por mucho tiempo vemos la misma película, y nos hablamos por teléfono. Oramos juntos en las noches y hablamos con regularidad. Textos que nos recuerdan cuanto amor hay entre nosotros a pesar de todo. No puedes tocar más tu teléfono que a ella. Saca un tiempo para abrazos, conversaciones donde ella sienta que tiene toda tu atención. Verás la diferencia. Ella es flor que necesita agua y atención para florecer.

Tu esposa necesita más que tu presencia física. Necesita tu atención, tu afecto, tu corazón despierto. Y tú también necesitas conexión, aunque a veces no lo reconozcas. El amor se cultiva con intención, no por accidente. Dios no solo bendice los grandes logros; **Él honra los momentos sencillos** en los que eligen priorizarse mutuamente. Cuando cuidan el vínculo, están cuidando también su llamado, su pacto.

Para pensar hoy:

¿Estoy siendo intencional en pasar tiempo de calidad con mi esposa?

¿Qué excusas estoy usando para justificar mi desconexión emocional?

Oración:

Padre, ayúdame a organizar mi vida de forma que no descuide lo más valioso: mi matrimonio. Enséñame a detenerme, a escuchar, a disfrutar de los momentos simples contigo y con ella. Hazme sensible a su necesidad de conexión, y no permitas que la rutina nos enfríe. Quiero ser un hombre presente, enfocado y dispuesto a invertir tiempo en lo eterno: el amor que tú nos diste.

Espacio personal:

¿Qué momento simple pero significativo puedo planear esta semana con mi esposa?

¿Qué necesito ajustar en mi rutina para crear más espacios para nutrir nuestra relación?

Semana 3 –
Prácticas que fortalecen el matrimonio

Reflexión semanal

Esta semana aprendiste que fortalecer tu matrimonio no requiere grandes discursos, sino **actos cotidianos llenos de intención**. Orar por su visión, afirmar con palabras, celebrar sus avances, estar emocionalmente disponible y asumir tu rol con gozo... nada de eso es secundario: es el **núcleo de una relación con propósito eterno**.

Tu esposa no necesita perfección de tu parte, sino **presencia, ternura, sabiduría** y un corazón dispuesto a caminar **a su lado,** no delante ni detrás. El amor se afirma con acciones concretas. El vínculo se profundiza cuando eliges **mirarla, animarla, cubrirla y priorizarla**, incluso en medio de la agenda más ocupada. Y cada gesto de amor verdadero es una **semilla que dejará fruto en ustedes... y en sus generaciones.**

Evaluación personal semanal

Responde con sinceridad:

Esta semana, ¿cómo mostré que creo en el llamado de mi esposa?

Respuesta:

¿Fui emocionalmente presente para ella en al menos un momento importante?

Respuesta:

¿Qué palabras de afirmación le dije, o dejé de decirle?

Respuesta:

¿La he hecho sentir acompañada en la crianza de nuestros hijos?

Respuesta:

¿Qué fue lo más significativo que compartimos como pareja esta semana?

Respuesta:

*"**Las palabras pueden ser bellas... pero** los actos son los que sostienen el alma."*

Oración semanal

Señor, gracias por mostrarme que el amor maduro se demuestra en lo cotidiano. Ayúdame a ser ese hombre presente, que sabe animar, afirmar, escuchar y abrazar. Que no me pierda en la rutina, que no descuide lo esencial, que no me acomode a lo automático. Hazme intencional. Hazme sensible. Hazme sabio para ser roca en su debilidad y aliento en sus pasos. Gracias por la mujer que me diste. Ayúdame a amarla bien, cada día.

Espacio personal semanal

¿Cuál fue el mayor aprendizaje de esta semana?
Escribe aquí:

¿Qué ajustes quiero hacer para fortalecer nuestra conexión?
Escribe aquí:

¿Qué decisión práctica puedo tomar desde hoy para afirmar y acompañar mejor a mi esposa?
Escribe aquí:

Semana 4
Construyendo legado juntos

El llamado de ambos al Reino

"Mejores son dos que uno; porque tienen mejor paga de su trabajo." Eclesiastés 4:9

Cuando Dios unió sus vidas, no solo les dio un hogar, una familia y una historia en común. También les confió un propósito que va más allá de lo individual. El llamado del Reino no es exclusivo para uno; es compartido.

Tal vez ella fue la primera en oír con claridad. Tal vez tú aún estás discerniendo tu parte. Pero lo cierto es que, cuando Dios llama a uno, siempre incluye al otro. No necesariamente para hacer lo mismo, pero sí para caminar en la misma dirección, con el mismo espíritu y con una entrega común.

En vez de ver su llamado como una carga o una distracción, míralo como parte del plan que Dios diseñó para bendecir a otros a través de ustedes. Cuando ella avanza en obediencia, tú también participas de esa cosecha.

Habrá días en que querrás ir más rápido. En otros, ella tomará la delantera. Pero la clave está en recordar que Dios no espera que compitan, sino que cooperen. No se trata de quién brilla más, sino de a quién glorifica su unión.

Cuando los dos lo entienden, su vida en común deja de girar en torno a actividades... y empieza a girar alrededor del propósito eterno que los une. Un matrimonio con un llamado compartido no solo impacta su generación: deja un legado en el Reino.

Para pensar hoy:

¿He valorado el llamado de mi esposa como parte de nuestra misión juntos?

¿Estoy alineado con ella en dirección espiritual, o solo en las tareas del hogar?

Oración

Señor, gracias porque no me llamaste a caminar solo. Gracias por unir mi vida con una mujer de propósito, visión y fe. Hoy reconozco que su llamado también es mi responsabilidad, y que lo que tú haces en ella es parte de lo que estás haciendo en nosotros.

Perdóname si he sido indiferente, competitivo o lento para ver la grandeza de tu plan conjunto. Abre mis ojos espirituales para vernos como tú nos ves: un equipo, una unidad, una pareja que refleja tu corazón.

Dame la humildad para apoyarla sin reservas, la madurez para caminar a su ritmo cuando lo necesite, y la sabiduría para discernir cómo complementarnos en lo que tú has preparado. Haz que nuestras vidas sean una sinfonía de obediencia, en la que tú seas el director y el Reino, el fruto. Amén.

Espacio personal:

¿Cómo me he sentido respecto al llamado de mi esposa últimamente?

¿Qué cambio de actitud, práctica o visión necesito para caminar realmente a su lado en obediencia.

La visión familiar: más que negocios

"Pero yo y mi casa serviremos al Señor." Josué 24:15b

No se trata solo de construir una casa, tener hijos o trabajar por estabilidad. El verdadero propósito de una familia no está en lo que acumula, sino en lo que deja sembrado. Una visión familiar alineada con Dios no busca éxito...

Muchos matrimonios cristianos viven juntos, pero no necesariamente caminan hacia una visión común. Y cuando no hay visión, cada uno termina luchando por su propio rincón, por su propio espacio, por su propio sueño.

Pero cuando Dios establece la visión, todo cambia. Las decisiones se toman con la eternidad en mente. El dinero, el tiempo, los talentos, la crianza... todo se convierte en herramientas del Reino.

Tu esposa y tú no están juntos por casualidad. Hay una visión del cielo escrita para ustedes. Una historia que trasciende la rutina y construye legado.

Esa visión no siempre se revela de inmediato. Muchas veces se va comprendiendo en la medida en que caminan obedeciendo. Pero es fundamental que la busquen, que la hablen, que la lleven juntos. No es ella sola con un llamado, ni tú corriendo por tu cuenta. Es Dios escribiendo una historia a través de su unión. Hay impacto en la eternidad, aunque no lo puedas ver.

Cuando una familia tiene visión, hay dirección. Cuando hay dirección, hay unidad. Y cuando hay unidad con propósito... el cielo se manifiesta en la tierra.

Para pensar hoy:

¿Hemos definido una visión espiritual y familiar juntos?
¿Nuestras decisiones reflejan una vida de propósito o solo
de supervivencia?

Oración:

Señor, gracias porque no solo nos uniste como pareja, sino
como compañeros de visión. Hoy reconozco que nuestro
hogar no fue diseñado solo para existir, sino para reflejarte,
servirte y avanzar contigo.

Ayúdame a ver más allá de las metas humanas. A soñar
contigo. A preguntarte qué quieres hacer a través de
nosotros. Danos una visión clara para nuestra casa. Una
visión que guíe nuestras decisiones; fortalezca nuestra fe,
inspire a nuestros hijos y transforme a quienes nos rodean.

Que todo lo que construyamos —en lo visible y en lo
invisible— glorifique tu nombre. Que nuestra unión no solo
esté sostenida por el amor, sino dirigida por el propósito.
Amén.

Espacio personal:

¿Qué parte de nuestra vida familiar aún no refleja una visión
eterna?
¿Cómo puedo iniciar una conversación con mi esposa para
alinear mejor nuestros sueños con el llamado de Dios?

Invertir juntos en lo eterno

"No os hagáis tesoros en la tierra... sino haceos, tesoros en el cielo." Mateo 6: 19a, 20a

Todo matrimonio construye algo: una casa, una cuenta de ahorros, una rutina, un plan de vida. Pero no todos construyen con la eternidad en mente.

Invertir en lo eterno significa alinear sus recursos, tiempo, talentos y decisiones con los valores del Reino. Significa sembrar no solo para ustedes, sino también para otros, pero más importante para Dios.

Puede que ella esté enfocada en su llamado ministerial, y tú en tu trabajo profesional. Pero si no se detienen a preguntarse juntos: "¿Qué estamos construyendo que tenga valor eterno?", es fácil perderse en lo temporal.

Invertir en lo eterno no es solo dar dinero a la iglesia o asistir a actividades. Es decidir, por ejemplo, que sus hijos crecerán en una cultura de fe viva. Es orar antes de cada decisión importante. Es comprender que no todo se trata de "tener más", sino de **dar mejor.**

Cuando ambos invierten con intención en lo que trasciende, su unión se fortalece, su legado crece y su historia cobra un valor que ninguna cuenta bancaria puede igualar.

El matrimonio es una plataforma poderosa para bendecir a otros. Y cuando la usan para sembrar en lo eterno, Dios se encarga de multiplicar todo lo demás. Un ejemplo de esto, mi esposa recibe instrucciones de parte de Dios para llevarles comida a los necesitados de nuestra comunidad. No tenía más que $20 en la cuenta. Ella decidió obedecer, con ese poco crearía una comida deliciosa para ellos. Fue a pagar en la caja registradora del establecimiento y en la fila se encontró con una persona y esa persona pagó por la compra. No solo eso, alguien se enteró y nos llevó a la casa, una caja de comida; otra persona envió dinero para la próxima ronda. En fin, ella obedeció y Dios multiplicó todo. Confía y atrévete a invertir en lo eterno. Por meses servimos a esa comunidad hasta que se nos dio otra asignación.

Para pensar hoy:

¿En qué estamos invirtiendo como pareja?

¿Estamos dejando un legado espiritual... o solo acumulando cosas temporales?

Oración:

Padre bueno, gracias por cada recurso que has puesto en nuestras manos. Enséñanos a ser buenos administradores, no solo de lo económico, sino también del tiempo, las palabras, los talentos y las oportunidades.

Queremos sembrar con propósito, invertir juntos en lo que tú valoras y construir un legado que hable de ti. Líbranos de vivir ocupados en lo temporal y vacíos en lo eterno.

Que nuestras decisiones como pareja reflejen una fe viva y una visión de Reino. Haz de nuestro hogar una casa generosa, que dé fruto en esta vida y coseche recompensa en la venidera. Amén.

Espacio personal:

¿Qué inversión estamos haciendo hoy como matrimonio que impactará vidas más allá de la nuestra?

¿Qué ajustes podemos hacer para priorizar lo eterno sobre lo temporal?

¿Qué podemos hacer para priorizar lo eterno sobre lo temporal?

Tu cobertura espiritual la empodera

"Maridos, amad a vuestras mujeres, así como Cristo amó a la iglesia y se entregó a sí mismo por ella." Efesios 5:25

Dios no te llamó a controlar a tu esposa, sino a **cubrirla**. Y esa cobertura no es un acto de dominio, sino de amor sacrificial, de presencia espiritual, de liderazgo con ternura.

Cuando cubres espiritualmente a tu esposa, **no la limitas... la empoderas en Cristo**. Cubrirla no significa que tú tomas todas las decisiones o que eres más importante. Significa que estás presente con oración, guía, ánimo, y protección emocional y espiritual.

Significa que estás atento a lo que Dios está haciendo en ella, y que estás dispuesto a interceder por su corazón, su llamado y su descanso. Cristo no se impuso sobre la iglesia; **se entregó por ella**.

Así también, tu liderazgo en el hogar debe reflejar una autoridad que **no oprime, sino que impulsa**. Una espiritualidad que no exige, sino que bendice. Una presencia que no compite, sino que sostiene.

Cuando tomas tu lugar como sacerdote del hogar, tu esposa camina con más seguridad.

Cuando oras por ella en privado, la afirmas en público y la pastoreas con amor, ella florece.

Una mujer bien cubierta no es una mujer sometida...Es una mujer **empoderada por el respaldo espiritual de su esposo, que a su vez recibió del Padre autoridad sobre ella.** Y eso la hace aún más efectiva para el Reino. ¿Ves la importancia de tu rol?

Para pensar hoy:

¿Estoy cubriendo espiritualmente a mi esposa con oración y liderazgo en amor?

¿Puede ella descansar sabiendo que yo cuido su corazón delante de Dios?

Oración:

Señor Jesús, tú diste el ejemplo más alto de lo que significa amar y cubrir. Hoy reconozco que como esposo tengo una responsabilidad espiritual, no para imponerme, sino para servir, proteger y afirmar a mi esposa.

Ayúdame a ser un hombre que ora por ella en secreto, que la honra en lo íntimo y en lo público, que sabe escuchar su corazón y presentarlo delante de ti. Que mi liderazgo refleje tu carácter: firme pero compasivo, fuerte pero tierno, presente y lleno de gracia. Haz de mí un sacerdote en casa, no por posición, sino por convicción. Y que mi cobertura espiritual sea el terreno donde ella florezca con libertad. Amén.

Espacio personal:

¿Cómo estoy ejerciendo mi rol espiritual en el hogar?

¿Qué pasos prácticos puedo tomar esta semana para cubrir más activamente a mi esposa?

Cuando uno cae, el otro sostiene

"Sobrellevad los unos las cargas, y cumplid así la ley de Cristo."
Gálatas 6:2

En la vida matrimonial no todo será siempre equilibrado. Habrá días en que uno se sentirá más débil, más cansado, más frustrado... o incluso con menos fe. Y es precisamente ahí donde el amor verdadero se activa.

Dios no diseñó el matrimonio como un intercambio de perfección, sino como un compromiso de **sostenerse mutuamente en medio de la imperfección**.

Cuando uno tropieza, el otro no juzga: **se arrodilla a su lado, extiende sus manos y lo levanta y lo acompaña con misericordia**.

A veces tu esposa llevará sobre sus hombros más de lo que parece. Y aunque no lo diga, estará esperando que tú estés ahí —no solo con soluciones, sino con presencia, ternura, escucha y oración. Otras veces serás tú quien necesite ese abrazo silencioso, esa palabra que sostiene, ese recordatorio de que **no estás solo**. Cuando ambos entienden este principio, la relación se convierte en un **refugio**, no en un campo de juicio. El amor maduro no pregunta quién tiene la razón, sino **quién necesita ayuda**.

Sostener a tu esposa en su debilidad es **reflejar a Cristo en acción**.

Y cuando tú necesites sostén, ella también será para ti ese brazo firme.

Para pensar hoy:

¿Soy un esposo que sostiene cuando ella cae?

¿Estoy permitiéndome también ser sostenido cuando lo necesito?

Oración:

Señor, gracias por darnos el regalo de la compañía mutua. Gracias porque en el diseño del matrimonio incluiste la gracia de **cargar juntos las cargas**. Hoy te pido sensibilidad para notar cuándo mi esposa necesita ayuda, consuelo o afirmación. Dame paciencia cuando esté débil, y humildad para dejarme ayudar cuando soy yo el que cae. No permitas que el orgullo me cierre el corazón, ni que el cansancio me robe la ternura. Haz de nosotros una pareja que se sostiene con gracia, que se levanta con fe y que avanza, incluso cuando uno va más lento. Que cuando uno cae, el otro no se aleje... **sino que se acerque como tú lo haces con nosotros**. Amén.

Espacio personal:

¿En qué momento reciente sentí que ella me sostuvo?

¿En qué área noto que ella necesita más mi apoyo?

¿Estoy siendo accesible emocionalmente cuando soy yo quien necesita ayuda?

Dios honra al que sostiene

"El que recibe a un profeta por cuanto es profeta, recompensa de profeta recibirá." Mateo 10: 41a

No todos estamos llamados a predicar. No todos subimos al escenario. No todos escribimos libros, enseñamos o lideramos multitudes. Pero todos los que **sostienen, oran, respaldan y empujan hacia el propósito**... son honrados por Dios.

Tu llamado quizás no tenga tanto brillo a los ojos humanos, pero **el cielo no premia la visibilidad; premia la fidelidad.** Cuando apoyas el llamado de tu esposa con amor, con oración, con paciencia, con tu tiempo y con tu trabajo diario, Dios lo ve. Cuando decides servir en silencio, cuando eliges quedarte con los niños mientras ella ministra, cuando renuncias a tu comodidad para verla avanzar, **estás sembrando en lo eterno.**

Y Jesús dijo algo poderoso: *"quien recibe y respalda a un profeta, **recibe la misma recompensa**."* Eso significa que cuando tú impulsas a tu esposa a cumplir su propósito, **Dios te considera parte activa de esa obra.** Su fruto es también tu fruto. Su avance, también tu avance. Su recompensa, también tu recompensa.

Sostener es servir. Y servir en amor siempre mueve el corazón de Dios.

Para pensar hoy:

¿Estoy valorando el privilegio de ser el que sostiene con amor?

¿Creo realmente que Dios me honra por lo que hago en lo secreto?

Oración

Señor, gracias por recordarme que no necesito ser visto por los hombres para ser honrado por ti. Tú ves mi entrega, mis renuncias, mi apoyo silencioso.

Tú ves cuando sostengo, cuando apoyo, cuando cubro. Ayúdame a abrazar con gozo el lugar que me diste como esposo: **el de afirmar, fortalecer, levantar y sostener a la mujer que tú has llamado.**

No quiero buscar protagonismo; quiero buscar fidelidad. Hazme constante, humilde y generoso. Y recuérdame que todo lo que hago por amor en tu nombre, **no es en vano.** Amén.

Espacio personal:

¿Qué parte de su llamado he sostenido con mayor compromiso?

¿Hay alguna actitud de queja que debo entregar hoy a Dios?

¿Cómo puedo alegrarme más por lo que Dios hace en ella... sabiendo que soy parte también?

El legado de una pareja alineada

"¿Andarán dos juntos, si no estuvieren de acuerdo?" Amós 3:3

Muchos matrimonios sobreviven... pero pocos trascienden. La diferencia no está en cuánto se aman, sino en **cuán alineados están**: en propósito, en visión, en dirección espiritual. Al principio, yo no estaba alineado con la visión que ella recibió de parte de Dios. Y aunque no lo entendía en ese momento, mi falta de acuerdo la estaba atrasando. Dios me confrontó con una verdad clara: **el llamado de uno no puede avanzar a plenitud si el otro no camina en unidad.** Me enseñó que el enemigo no teme a un matrimonio que solo coexiste... pero sí tiembla ante una pareja que ora junta, decide junta y avanza junta.

Cuando tú y tu esposa se alinean, sus decisiones tienen propósito. Sus oraciones tienen peso. Sus vidas dejan huella. Y ese poder no se manifiesta solo en ministerios o milagros, sino en la construcción silenciosa de un legado que transforma generaciones. Están llamados no solo a ser felices juntos, sino a **dejar marca en la tierra... y en la eternidad.**

Para pensar hoy:

¿Estamos caminando verdaderamente alineados o solo coexistiendo?

¿Estoy dispuesto a ceder, escuchar y ajustar para avanzar juntos en propósito?

Oración

Señor, gracias por el regalo de una esposa con propósito. Gracias por el llamado que nos diste como pareja, y por abrir mis ojos a la importancia de caminar alineados contigo. Perdóname por las veces que mi indiferencia o resistencia fueron un obstáculo. Hoy te pido que nos unas más en visión, en fe, en amor y en dirección. Quita todo ego, todo orgullo, toda distracción que nos divida. Haz que nuestras decisiones no solo sean para nuestro bienestar, sino para tu gloria. Queremos sembrar fe, amor y verdad para los que vienen detrás. Únenos más en ti... y a través de ti. Amén.

Espacio personal:

¿Qué ajustes necesito hacer para estar más alineado con mi esposa en lo espiritual y lo práctico?

¿Qué tipo de legado estamos construyendo ahora mismo con nuestras palabras, acciones y decisiones?

Testimonio vivo del diseño de Dios

"Vosotros sois la luz del mundo... Así alumbre vuestra luz delante de los hombres, para que vean vuestras buenas obras y glorifiquen a vuestro Padre que está en los cielos." Mateo 5:14,16

Tu matrimonio no es solo una bendición personal, **es un mensaje en movimiento.** Una pareja que camina en amor, respeto, perdón y propósito se convierte en un **testimonio vivo** del diseño original de Dios. En un mundo que ha distorsionado el valor del compromiso, el propósito del hogar, el rol del hombre y la dignidad de la mujer, **tu relación puede ser una lámpara encendida**, señalando otro camino: el camino del Reino.

La forma en que amas a tu esposa, cómo la valoras, cómo caminas junto a ella, cómo cuidas su corazón y respetas su llamado... **habla más fuerte que cualquier sermón. Tu vida predica. Tu hogar enseña. Tu amor refleja al Padre.**

Y cuando otros lo ven —tus hijos, tus amigos, tus hermanos en la fe, tus vecinos— puede que se pregunten: *"¿Qué tienen ellos que yo no tengo?"*

Y ahí es cuando puedes decir con humildad: *"No somos perfectos... pero tenemos a Cristo en el centro."*

Tú y tu esposa son **una parábola encarnada**. Y cada día que eligen la unidad y la obediencia, están escribiendo un testimonio que **glorifica a Dios y da esperanza a otros**.

Para pensar hoy:

¿Qué mensaje transmite mi matrimonio a quienes lo observan?

¿Estoy viviendo de manera que mi relación hable más de Cristo que de mí mismo?

Oración

Padre, gracias porque nos hiciste luz en medio de la oscuridad. Gracias porque nuestro matrimonio tiene un valor más allá de lo emocional: tiene un propósito eterno. Hoy te pido que nos sigas transformando para ser un reflejo tuyo. Que nuestras palabras, nuestras decisiones, nuestras reacciones y nuestra unidad comuniquen tu verdad al mundo. Ayúdame a amar con tu amor, a servir como tú sirves, a perdonar como tú perdonas. Haz de nuestra historia una evidencia viva de que tu diseño sigue funcionando... cuando tú eres el centro. Amén.

Espacio personal:

¿Cómo puedo ser más intencional en vivir mi matrimonio como un testimonio para otros?

¿Qué ajustes necesito hacer para que mi vida en pareja predique sin palabras?

Yo soy Lapidot
(declaración de identidad)

"Y Débora, profetisa... era mujer de Lapidot." Jueces 4:4

Lapidot no predicó. No peleó en el campo de batalla. No aparece con grandes discursos ni con hazañas visibles. Pero su nombre quedó eternamente ligado al llamado de una mujer poderosa que liberó a su nación. Su mención breve no es insignificante... es esencial. Porque Lapidot representa al hombre que respalda, sostiene, impulsa y camina con humildad y propósito junto a una mujer llamada por Dios.

Tal vez tú no seas el rostro visible del ministerio. Tal vez no te invitan a predicar, ni apareces en redes o en púlpitos. Pero si eres quien ora por ella en la madrugada, quien la anima cuando quiere rendirse, quien cubre su corazón y camina a su lado —sin competir, sino completar— entonces tú también eres parte del llamado.

Tú eres Lapidot. El que no necesita escenario para ser esencial. El que ama con propósito. El que siembra sin buscar aplausos. El que edifica desde lo invisible. El que refleja a Cristo mientras muchos siguen buscando modelos humanos. Y aunque pocos lo noten, Dios lo ve todo. Cada palabra de aliento, cada sacrificio, cada renuncia, cada gesto de amor silencioso... están siendo escritos en el cielo como parte de una historia eterna.

Hoy no solo terminas este devocional. Hoy haces una declaración de identidad:

Yo soy Lapidot.

Fui llamado a amar, servir, cubrir y construir. No para ser el centro... sino para reflejar al que lo es. Y en esa identidad, encuentro gozo, propósito y legado.

Para pensar hoy:

¿Acepto con gozo mi identidad como hombre del Reino que sostiene con humildad?

¿Qué parte de este proceso me ha revelado más sobre quién soy y quién estoy llamado a ser?

Oración final:

Padre eterno, gracias por llamarme no solo a ser esposo, sino a ser siervo, intercesor, afirmador y constructor del Reino desde mi hogar. Gracias por enseñarme que el amor maduro se demuestra en lo cotidiano, y que el propósito más grande muchas veces se vive en lo secreto.

Hoy acepto mi llamado como Lapidot. Me comprometo a caminar con integridad, a sostener con valentía, a liderar con humildad y a sembrar con fe. Que mi vida sea testimonio de tu diseño; que mis acciones reflejen a Cristo; que mi matrimonio sea una plataforma para glorificarte.

Gracias por mi esposa: por su llamado, por su fe, por su pasión. Ayúdame a caminar con ella, no como sombra, sino como compañero. No como rival, sino como roca.

Hoy cierro este devocional... pero abro una nueva temporada: la de vivir con intención, con visión y con entrega. Por tu gracia, para tu gloria. Amén.

Espacio personal:
¿Qué decisión concreta tomaré hoy para vivir lo aprendido de forma práctica?
¿Qué frase de este devocional quiero guardar como recordatorio de mi propósito como esposo?

Semana 4 –
Construyendo legado juntos

Esta semana no solo hablaste de propósito... hablaste de **legado**. Comprendiste que el verdadero éxito de un matrimonio no se mide por lo que acumula, sino por **cuánto refleja a Cristo**. Descubriste que tu rol como esposo va mucho más allá de las tareas cotidianas:

— Es **cobertura espiritual**
— Es **alineación de visión**
— Es **siembra intencional**
— Es **sostén en la debilidad**
— Y es **testimonio vivo del diseño de Dios**

Tú no fuiste llamado a vivir solo para ti, sino a construir con ella **algo que deje huella en la tierra y fruto en la eternidad**. Y ahora lo sabes con certeza:

Ser Lapidot no es estar a la sombra... es asumir un llamado. Un llamado a ser parte de una historia escrita desde el cielo, donde tu amor, tu respaldo, tu humildad y tu presencia silenciosa hablan más fuerte que mil palabras.

¿Cómo he ejercido mi rol de cobertura espiritual esta semana?

Respuesta:

¿Estoy sembrando activamente en lo eterno junto a mi esposa?

Respuesta:

¿Qué acciones están construyendo un legado espiritual en mi hogar?

Respuesta:

¿Nuestra visión familiar está centrada en Dios o necesita ajustes?

Respuesta:

¿Qué pasos concretos di para sostener a mi esposa en su llamado esta semana?

Respuesta:

Oración semanal

Señor, gracias por revelarme que el matrimonio no es un fin en sí mismo, sino un medio para glorificarte. Gracias por la mujer que me has dado y por el llamado que nos diste para caminar como uno solo en ti. Hoy te pido que afiances nuestra visión, fortalezcas nuestra unidad, y bendigas cada semilla que sembramos juntos. Haznos sensibles a tu voz, firmes en tu verdad, generosos en amor, y decididos a vivir para lo eterno. Que nuestro legado no sea solo una historia humana... sino un reflejo claro y vivo de tu corazón. Amén.

¿Qué parte de mi visión como esposo fue más desafiada esta semana?

Escribe aquí:

¿Qué frase o pensamiento quiero guardar de esta semana para siempre?

Escribe aquí:

¿Qué oración quiero seguir repitiendo en silencio en los días por venir?

Escribe aquí:

Conclusión

"Un camino recorrido... un llamado abrazado."

Este devocional no nació en 30 días. Nació en años de caminar en silencio. De aprender sin micrófono. De cubrir sin reconocimiento. Nació en cada oración hecha a solas, en cada acto de amor silencioso, en cada decisión de afirmar en vez de competir.

Por mucho tiempo pensé que para ser parte del propósito de Dios debía tener un rol visible. Pero he aprendido que **lo invisible también edifica Reino.** Que hay gloria en cubrir. Que hay honra en respaldar.

Hoy entiendo que **mi lugar como esposo no es detrás ni delante, sino al lado.** No soy un espectador del llamado de mi esposa... soy parte activa del diseño de Dios para nuestra casa.

No compito. Sostengo. No opaco. Cubro. No figuro. Camino firme.

Mi oración tiene peso. Mi presencia importa. Mi apoyo es adoración a Dios. Mi amor es propósito.

Soy *Lapidot*. No porque lo entendí rápido, sino porque **Dios me fue formando en silencio.** Hoy camino con intención. No solo como esposo, sino como hombre de Reino.

Si este devocional te habló como a mí, no lo guardes. Hazlo vida. Hazlo práctica. Que cada día junto a tu esposa sea una ofrenda a Dios... y cada gesto, una antorcha encendida.

Gracias por caminar conmigo este trayecto. Ahora vivamos lo aprendido, con intención y fidelidad.

.

Checklist Final

¿Tengo el corazón de un Lapidot?

Después de 30 días de reflexión, este es tu momento de mirar hacia adentro. No para juzgarte, sino para alinearte con el propósito de Dios.

Marca con honestidad cada una de las que te aplique.

- o Soy humilde y no compito con el llamado de mi esposa
- o Oro por ella con intención, no por costumbre
- o Escucho más de lo que intento corregir
- o Me gozo con sus logros sin sentirme menos
- o No uso mi posición para controlar, sino para servir
- o Disfruto verla brillar más que ser yo quien brille
- o Estoy dispuesto a ser la antorcha que acompaña, no el reflector que exige atención
- o Mi apoyo no es emocional, es espiritual
- o No tengo que figurar para ser parte del propósito
- o Estoy creciendo como intercesor, no solo como proveedor

Reflexión final

¿Cuántas marcaste con sinceridad?

¿Qué áreas el Espíritu Santo te está revelando que necesitan entrega, perdón o crecimiento?

Este no es el final del libro...

Es el comienzo de tu rol activo como **Lapidot** en tu hogar, en tu comunidad y delante de Dios.

Oración final

Padre, gracias por mostrarme que mi rol como esposo es más que presencia... es propósito. Ayúdame a sostener con fe, a cubrir con amor y a caminar al lado de mi esposa como un verdadero Lapidot: encendido por Ti, no por el ego. Dame firmeza, sabiduría y humildad. En el nombre de Jesús. Amén.

Oración Poderosa Final

Señor, en este caminar he descubierto que mi lugar no es de espectador, sino de guerrero silencioso. No necesito aplausos ni reconocimiento, solo Tu aprobación. Hoy decido tomar mi lugar como Lapidot: aquel que sostiene, cubre, intercede y ama con intención.

Haz de mí una antorcha que no compite con la luz de mi esposa, sino que la impulsa. Que cuando ella se sienta débil, yo sea fuerza. Que cuando dude, yo sea fe. Que cuando el mundo intente apagarla, yo sea aceite fresco.

Renuncio a todo orgullo que estorbe mi rol. Abrazo la humildad, la intercesión, el liderazgo con propósito. Enséñame a amar como Cristo amó a la iglesia, y a verme como parte activa del propósito que has escrito para nuestro hogar.

Que mis palabras sean bálsamo, mis acciones cobertura y mi presencia reflejo de Tu gracia. Que cada día como esposo sea un altar, y cada gesto de amor, una ofrenda.

En el nombre de Jesús,
Amén.

5 Oraciones Para Interceder Por Tu Esposa

"El que ama a su esposa, a sí mismo se ama." – Efesios 5:28

Estas oraciones no son fórmulas. Son actos de guerra espiritual, de amor sacrificial y de fidelidad al propósito eterno de Dios para tu hogar.

1. Oración por su llamado

Señor, gracias por el propósito que has puesto en mi esposa. Te pido que le des claridad, dirección divina y valor para caminar en obediencia. Que nada la detenga: ni el temor, ni el cansancio, ni la opinión ajena. Yo no soy su obstáculo, soy su cobertura. Que su llamado avance con fuerza y que mi apoyo sea constante, visible y espiritual. En el nombre de Jesús, amén.

2. Oración por su salud física y emocional

Padre, rodea el cuerpo y la mente de mi esposa con salud, descanso y paz. Renueva sus fuerzas como las del búfalo. Desarraiga todo cansancio crónico, toda ansiedad silenciosa o sobrecarga invisible. Declaro sobre ella sanidad, gozo y estabilidad. Que su sonrisa sea reflejo de tu cuidado diario. En el nombre de Jesús, amén.

3. Oración por su mente y sus pensamientos

Señor, guarda la mente de mi esposa. Protege sus pensamientos de la comparación, la culpa, la inseguridad y la duda. Que tenga la mente de Cristo y que cada idea que la abrume sea llevada cautiva a tu obediencia. Hoy rompo con mis palabras toda mentira que haya creído. Hablo verdad, paz y enfoque sobre su interior. En el nombre de Jesús, amén.

4. ***Oración por su descanso espiritual***

Espíritu Santo, dale descanso a su alma. Que encuentre en Ti el refugio que el mundo no puede dar. Que sepa que no tiene que cargar todo, ni resolver todo, ni ser todo. Que mi presencia como esposo sea alivio, no carga. Enséñame a ser descanso para ella, y no solo un espectador. Renuévala cada mañana. En el nombre de Jesús, amén.

5. ***Oración para ser un mejor esposo***

Padre, transforma en mí todo lo que estorba mi rol como esposo. Sana mis heridas, corrige mi orgullo, moldea mi carácter. Enséñame a amar como Tú amas, a servir como Jesús sirvió, a liderar con humildad. No quiero ser cabeza por título, sino por entrega. Hazme digno del corazón que ella me entregó. En el nombre de Jesús, amén.

Llamado A La Acción

No guardes este libro en un estante.

Léelo de nuevo.
Ora con tu esposa.
Habla con otros hombres.
Forma un grupo.
Sé el primero en ser transformado.

Comparte este mensaje.
Hazlo correr. Porque el mundo necesita más hombres que amen como Cristo...
Y más Lapidots que enciendan propósitos.

Sobre el autor

Francisco Javier Muñoz, No escribo desde un púlpito, sino desde el proceso vivido en carne propia como esposo, intercesor y compañero de una mujer de Reino. Es esposo de Ive Adorno, y junto a ella ha vivido los retos y bendiciones de un llamado compartido. Desde su experiencia como hombre, esposo e intercesor, escribe este devocional para otros *Lapidots* en formación: hombres que desean caminar con propósito al lado de una mujer de Reino.

Cree firmemente que el Reino necesita hombres que cubran sin competir, que oren sin aplausos, y que amen a sus esposas como Cristo ama a su Iglesia.

Graduado **Cum Laude en Artes Gráficas** del Atlantic University College, en 2020 se certificó como **capellán cristiano**. Músico por pasión desde su juventud, ejerce sus dones con sensibilidad, compasión y entrega. Su ministerio no ocurre solo desde un púlpito, sino desde lo cotidiano: el servicio, el acompañamiento espiritual y la adoración sincera.

Francisco es también **cofundador de Kitvi Editorial LLC**, un proyecto que nació junto a su esposa para elevar las voces de autores cristianos y fomentar contenido con propósito.

Como esposo de una mujer con fuerte llamado ministerial y empresarial, ha descubierto que su rol no es periférico, sino esencial: **cubrir, afirmar y caminar en unidad**, como lo hizo Lapidot con Débora.

Reservado pero firme, Francisco representa un modelo de liderazgo silencioso, amor con propósito y fe práctica. Su vida es testimonio de que **no se necesita escenario para tener impacto**... y que el respaldo fiel también construye legado.

Sé parte del impacto: deja tu huella

¿Ya leíste el devocional *Lapidot: Antorchas que impulsan propósitos*?

Te invitamos a dejar tu opinión en Amazon. Tu reseña puede motivar a otros hombres a comenzar este recorrido de identidad, fe y propósito. Además, conéctate a la comunidad de varones cristianos liderada por el autor en su página de Facebook FJ Muñoz, donde cada semana se comparten reflexiones, recursos y desafíos para fortalecer tu caminar con Dios.

www.ingramcontent.com/pod-product-compliance
Lightning Source LLC
Chambersburg PA
CBHW021328060726
47591CB00006B/1916